地域福祉方法論

計画・組織化・評価のコミュニティワーク実践

互井　昇 著

大学教育出版

まえがき

　厚生労働省社会・援護局長の下に設置された私的研究会「これからの地域福祉のあり方に関する研究会」は、2008（平成20）年3月に報告書『地域における「新たな支え合い」を求めて─住民と行政の協働による新しい福祉』を公刊しました。

　この研究会では、地域住民のつながりを再構築し、支え合う体制を実現するための方策の検討がされました。まとめられた報告書には、その方策が整備方策として解説され、地域福祉を推進するための環境として「情報の共有」「活動の拠点」「地域福祉のコーディネーター」「活動資金」が要点に位置づけられています。

　辞書的に方策は「はかりごと」と説明されますが、地域福祉の文脈では「方法と戦略」と解釈するのが適切です。同報告書のタイトルにある「新たな支え合い」とは地域の共助を意味し、そうした共助の目標に向かう方策が内容として述べられています。しかしそこには、地域社会の多様性を考慮したような共助についての方法と戦略に関する具体的な提言は見受けられません。

　今日の社会情勢において、地域の共助に直結する新たな公共は、もはや議論の余地なく人々が意義を認めるテーマとなっています。けれども、その構築の先導を担うはずの地域福祉論の論調をみると、「～しなければならない」という理念や先進地の事例紹介などに相当の頁を割く書籍が多数を占めています。

　さらに地域福祉をめぐる近況では、住民の主体性を全面的に強調していながら、その活動の方策が、肝心の住民に感得されていない点が問題といえます。2000（平成12）年に社会福祉法が成立して以降、地域福祉の主流化が幾度となく論評されていますが、それはあくまで政策論のレベルにとどまっていて、方法や戦略を設定するような実践論から地域福祉をとらえると、未だ手つかずの論点を数多く残しています。

　2003（平成15）年から始まった市町村地域福祉計画の策定においても、住民は

参加の主体としての立場に限定されており、計画策定に参画するまでの主体性をあまり発揮していないのが現状です。これから地域福祉計画の策定が第二ステージに向かうなかで、住民が参画の主体へと内実を深めていくには、計画論と同等の水準で組織化活動や評価の方法や戦略を追究する必要があります。

　以上のような問題意識をもって筆者は、本書を執筆しました。サブタイトルにコミュニティワーク実践と銘打っていますが、特定した援助技術論に固執する意図はなく、コミュニティワークを「道具的理論」として規定し、つねに複線思考を基本としながら理論の有用性を考えることを心がけました。

　本書のⅠ部は、コミュニティワークとそれに関連した教科書的な理論を紹介しています。そこでも、コミュニティ・オーガニゼーションが単に古いからという理由で捨象するのではなく、あくまでその有用性を見つめる態度を堅持しています。続くⅡ部では、地域福祉方法論としての実用的な問題解決の技法を順次取り上げています。そのなかでは、社会学や経営学などの理論を応用した試論を展開しています。多様性のある地域社会の諸問題に対処するうえで、隣接領域の社会科学の考え方から学ぶ点が多くありました。こうした知見を応用しつつ、問題解決に求められる計画・組織化・評価などの方法論を構想して、そこから住民の主体性が発揮できる展望を開くことに努めました。

　本書は、先の拙著『福祉コミュニティ形成の研究』を理論の基礎としています。そして前著と同様に本書も実証的研究ではなく、全章にわたって推論の展開で終始しており、その点に危うさを有してもいます。もし筆者が犯している誤りなどがあれば、読者からの忌憚のないご指摘やご批判を仰ぎたいと思っています。

　本書の出版においては、財団法人福井県大学等学術振興基金からの助成を受けました。ここに心からお礼を申し上げます。また刊行にあたっては、大学教育出版の佐藤守氏に再びお世話になりました。前著と合わせて、深く感謝いたします。

2010年11月

瓦井　昇

地域福祉方法論
―― 計画・組織化・評価のコミュニティワーク実践 ――

目　次

まえがき ………………………………………………………………………… i

Ⅰ部　コミュニティワークの基礎理論

1章　コミュニティワークの定義と歴史を把握する ……………………… 3
　1節　地域福祉が要請される時代的な背景 ……………………………… 4
　2節　地域福祉とコミュニティワークの整合 …………………………… 7
　3節　日本でのコミュニティ・オーガニゼーションの歴史 …………… 12

2章　コミュニティワークの古典的な理論を理解する …………………… 15
　1節　道具的理論としてのコミュニティワーク ………………………… 16
　2節　コミュニティ・オーガニゼーションの古典的な理論 …………… 17

3章　現代的な理論を理解するⅠ──方法モデルの構想 ………………… 25
　1節　コミュニティ・オーガニゼーションの方法モデル ……………… 26
　2節　実践におけるアプローチの混合 …………………………………… 29
　3節　方法モデルの発展 …………………………………………………… 34

4章　現代的な理論を理解するⅡ──コミュニティケアの実践と方法 … 39
　1節　イギリスにおけるコミュニティケアの実践 ……………………… 40
　2節　日本でのコミュニティ・ソーシャルワークの重視 ……………… 46

5章　コミュニティワークの展開過程を知る ……………………………… 51
　1節　問題の把握 …………………………………………………………… 52
　2節　計画の策定 …………………………………………………………… 53
　3節　計画の実施 …………………………………………………………… 57
　4節　記録と評価 …………………………………………………………… 59

　補論Ⅰ：ソーシャルワーク・アドボカシー ……………………………… 63

Ⅱ部　コミュニティワークの実践理論

6章　問題を発見してコミュニティを対象化する………………………69
- 1節　問題の発見と市町村合併の影響………………………70
- 2節　コミュニティの対象化………………………75
- 3節　オルタナティブなアウトリーチの必要性………………………78

7章　問題を構造化し、その解決を予測する………………………83
- 1節　問題の発見の技法とコミュニティワーカーの役割………………………84
- 2節　問題を構造化する三つの要件………………………89
- 3節　困難課題の構造化とコミュニティワーカーの資質………………………92

8章　計画策定に必要な戦略を立案する………………………97
- 1節　課題の抽出とニーズ把握の戦略………………………98
- 2節　困難課題に対する解決の戦略………………………101

9章　地域福祉計画を策定するⅠ——上位レベルの計画………………………109
- 1節　社会計画の歴史的な系譜………………………110
- 2節　市町村地域福祉計画の総合性とジレンマ………………………113
- 3節　基本構想における未来像と使命………………………116

10章　地域福祉計画を策定するⅡ——下位レベルの計画………………………123
- 1節　課題の抽出と目標の確定………………………124
- 2節　課題計画から実施計画へのブレークダウン………………………130

補論Ⅱ：個人情報保護法………………………136

11章　地域福祉の組織化を展開するⅠ——地域の組織化の機能………………………139
- 1節　地域福祉の組織化とその機能………………………140
- 2節　小地域福祉活動における基盤強化………………………145
- 3節　地域の組織化での新たな協働………………………148

12章　地域福祉の組織化を展開するⅡ──福祉の組織化の機能 …………… 155
　1節　福祉ネットワークの機能と失敗 ………………………………………… 156
　2節　福祉ネットワークから福祉ネットワーキングへ ……………………… 161
　3節　ネットワーク再考──「安心」と「自立」の追求 …………………… 166

13章　地域福祉の新たな事業を構想する ……………………………………… 173
　1節　地域福祉の〈理解〉〈合意〉〈共感〉 …………………………………… 174
　2節　地域福祉の事業構想のモデル …………………………………………… 177

14章　計画の成果を評価し、実践の力量を高める──評価の技法と展開 … 191
　1節　さまざまな評価の方法と整理軸 ………………………………………… 192
　2節　プログラム・セオリー評価とロジック・モデル ……………………… 197
　3節　エンパワーメント評価の定義と原則 …………………………………… 201

15章　地域福祉のイノベーションを考える
　　　　──ソーシャル・アクションと計画の未来形 ………………………… 209
　1節　ローカル・ガバナンスが地域福祉に問うもの ………………………… 210
　2節　自律分散型シナリオ・プランニングの構想 …………………………… 217

補論Ⅲ：現象学的社会学 ………………………………………………………… 226

文献一覧 ………………………………………………………………………… 229

初出一覧 ………………………………………………………………………… 234

索　　引 ………………………………………………………………………… 235

＃ Ⅰ部　コミュニティワークの基礎理論

1章 コミュニティワークの定義と歴史を把握する

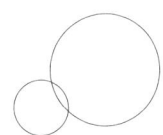

〈方法の概要〉

1章では、近年の日本において地域福祉が重視されている背景を知り、こうした地域福祉の概念を把握します。

そしてコミュニティワークが地域福祉を具体的に進める技術であることと、ソーシャルワークの体系におけるコミュニティワークの位置づけをみていきます。

結論的には、コミュニティワークの歴史的源流はコミュニティ・オーガニゼーションにあり、この理論が日本の社会福祉協議会に与えた影響の意味を理解します。

◆

Key Words：協働、社会資源、コミュニティ・オーガニゼーション

1節　地域福祉が要請される時代的な背景

（1）福祉改革と地域福祉の主流化

　1990（平成2）年6月に、「老人福祉法等の一部を改正する法律」が制定・公布されました。これは、①老人福祉法、②社会福祉事業法、③児童福祉法、④身体障害者福祉法、⑤知的障害者福祉法、⑥母子及び寡婦福祉法、⑦老人保健法、⑧社会福祉・医療事業団法、を改正したもので、一般には「社会福祉関係八法改正」といわれます。

　この改正の目的は、太平洋戦争後に形成された社会福祉制度の抜本的改革として、住民に最も身近な市町村で、福祉サービスがきめ細かく、計画的に提供される体制づくりを図ることにあり、同改正により日本の社会福祉は市町村を基盤とする「地域福祉型社会福祉」の時代を迎えたとされました。

　1997年から始まった社会福祉基礎構造改革において、翌年に中央社会福祉審議会社会福祉基礎構造改革分科会から『社会福祉基礎構造改革（中間まとめ）』が報告されました。これによって、昭和30年代までに構築された社会福祉六法に基づく社会福祉の基本的なしくみを改革し、生活保護などの一部を除いて、老人福祉以外の社会福祉領域を利用制度化する方針が打ち出されるともに、地域福祉の確立も目標として示されました。

　この社会福祉基礎構造改革の具体化のために、2000年6月には社会福祉事業法が一部改正され、新たに**社会福祉法**として成立しました。同法の第1章には「地域における社会福祉」の意味あいで、目的の一つとして地域福祉の推進が述べられています。

社会福祉法：「総則」「地方社会福祉審議会」「福祉に関する事務所」「社会福祉主事」「指導監督及び訓練」「社会福祉法人」「社会福祉事業」「福祉サービスの適切な利用」「社会福祉事業に従事する者の確保の促進」「地域福祉の推進」「雑則」「罰則」の12章で構成される同法の成立により、一部の社会福祉事業について社会福祉法人以外の参入が可能となった。また、社会福祉法人には「自主的にその経営基盤の強化を図る」ことが求められ、利潤・収益の確保が認可された。

社会福祉を目的とする事業の全分野における共通的基本事項を定め、社会福祉を目的とする他の法律と相まって、福祉サービスの利用者の利益の保護及び地域における社会福祉の推進を図るとともに、社会福祉事業が公明かつ適正な実施の確保及び社会福祉を目的とする事業の健全な発達を図り、もって社会福祉の増進に資することを目的とする。（第1条）

　同じ章の第4条では、地域住民と社会福祉関係者は「地域福祉の推進に努めなければならない」ことが述べられました。そして「地域福祉の推進」（第10章）のために、市町村が市町村地域福祉計画を策定し（第107条）、都道府県が都道府県地域福祉支援計画を策定することになったのは（第108条）、その後の自治体の福祉政策のあり方にも影響を与えています。

　こうした情勢により、それまでの社会福祉の法制度には規定されていなかった地域福祉が、21世紀を境にして社会福祉の主流へと躍り出た（地域福祉の主流化）と論評されるようになりました（武川2006：1-2）。その意義については、多くの地域福祉論の文献で論じられているところです。

（2）地域福祉の概念と基盤整備

　主流化に至ったとされる地域福祉ですが、この全体の体系を明らかにして、それを基礎として方法論を構築するのは、思いのほか困難なままです[1]。地域福祉の包括的な概念は、これまでさまざまな研究者によって定義されましたが、本書では「すべての住民が地域社会で安心して暮らせるまちづくりを目的とし、住民による主体的な活動とともに、公私の関係機関や組織などの主体が**協働**して実践をする社会福祉の領域である」と暫定的に概念を規定します。

　このような地域福祉の概念は、さらに狭義の地域福祉と広義の地域福祉に分類することができます。狭義の地域福祉は、諸外国から導入した多様なソーシ

協働（Coproduction, Collaboration, Partnership）：一定の目標を共有した複数の主体が、共に力を合わせて活動することを意味する言葉である。日本では最初、地方自治論において重視され、その後に地域福祉でも基本的な概念とみなされた。ただし協働は、あくまで主体間の連携を意味するものであり、住民は自治体の構成要素の一つであるために、「行政と住民の協働」という表現は理論的にありえないとされる。

ャルワークの技術を基礎として、主として歴史的に社会福祉協議会が実践で練成してきた、次のような諸活動から構成されます。

① 地域福祉の推進に必要な組織化
② 生活に必要な福祉サービスの提供
③ 生活環境などの改善

そして広義の地域福祉は、社会福祉を構成する老人福祉、身体障害者福祉、児童福祉、知的障害者福祉、精神保健福祉などの分野において、地域福祉実践の考え方が積極的に取り入れられ、多角化している内容を意味します。近年になってこれらの福祉でも、自立・地域支援・社会復帰・参加などがキー概念となり、地域福祉に用いられる考え方を援用するようになりました。

以上のような狭義（方法）と広義（対象）の地域福祉を進めるなかで、さらに一方でコミュニティワークなどの技術も積極的に用いるのが重要であるという議論があり、これが全体像を一層複雑にしています。

そうしたなかでは、ノーマライゼーションや**ソーシャル・インクルージョン**の理念に基づいて、安心して暮らせるまちづくりを展開するために、図表1-1のような地域社会での基盤整備に取り組む必要が生じています。

多角化した地域福祉を進めていくうえで、図表1-1にまとめた基盤整備は共通事項となる実践になります。そして、こうした基盤整備を図る社会福祉援助技術としてコミュニティワークがあります。地域福祉の対象者が多角化した状況に対応するためにも、コミュニティワークを実践する者（コミュニティワーカー）には、明確な方法論に基づいた基盤整備を図る専門技術が求められるのです。

ソーシャル・インクルージョン（Social Inclusion）：社会的弱者とされる人々を地域社会から排除するのではなく、コミュニティの中で支えあい、助けあいながらともに生きていこうとする概念であり、20世紀末よりイギリスから広まった。北欧諸国で芽生えて、1959年にデンマークで成立した精神遅滞者法で初めて具現化されたノーマライゼーションの理念は、コロニーなど巨大施設における収容隔離的保護の非人間的処遇の反省から生まれた思想であり、すべての障害者に平等の権利と義務が保障された生活の確立をめざすものであるが、この理念よりもソーシャル・インクルージョンは、積極的なコミュニティ変革の意味あいを含んでいる。

図表1-1　地域福祉に求められる基盤整備

> ① 社会関係の維持
> 　住民が高齢になったり、あるいは障害をもったりなどをした理由だけで、社会との関係を失って孤立する状況がないようにする。
> ② 当事者の自立
> 　地域社会にあるさまざまな社会資源を活用して、当事者が前向きに自立生活を営めるようにし、それを公私の機関・組織や住民も支援する環境づくり（ネットワーキング）を図る。
> ③ 知識情報の共有
> 　住民が、生活や福祉などに関する必要な知識や情報を共有でき、それに関しての学習・参加・相談がしたい場合にも適切な対応ができる。
> ④ 実践の組織化
> 　当事者を含む住民が、参加しやすいコミュニティで自助や共助の助けあいの実践活動が展開できる組織化を図る。

2節　地域福祉とコミュニティワークの整合

（1）コミュニティワークの位置

　地方自治体には、狭義と広義それぞれの地域福祉の課題を把握して、それらを地域福祉計画として取りまとめる業務が、社会福祉法において努力義務として課せられました。こうした情勢を鑑みて、地域福祉を円滑に推進するために、実践者にとっての必要な方法論の技法を整備することを本書はテーマとしています。

　それは言い換えると、地域福祉のある目標を定めた後に、どのような社会福祉の援助技術－主としてコミュニティワーク、またはコミュニティ・オーガニゼーション（Community Organization：以下、ＣＯと略）やコミュニティ・ソーシャルワークなど－を適用すればよいのかという課題となります。

　ソーシャルワークと総称される社会福祉援助技術は、それが用いられる場所・目的・採用される技法などにより、さまざまに内容が分類されます。その生成期においては、直接援助技術・間接援助技術・関連援助技術に大別する体系化

図表1-2 社会福祉援助技術（ソーシャルワーク）の体系

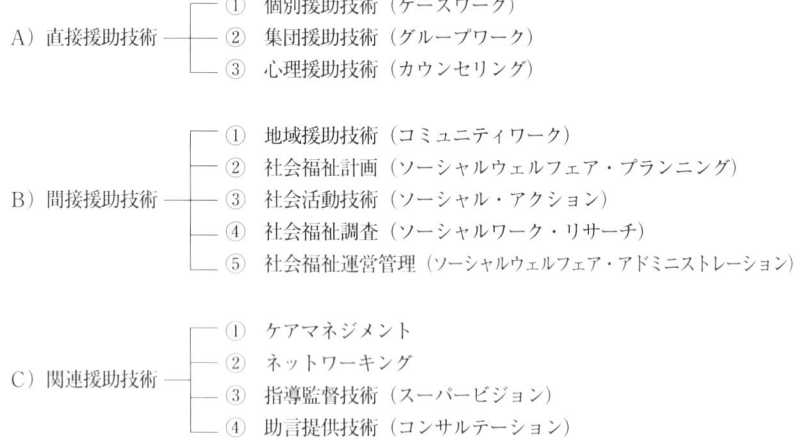

が基本でした。この考え方に従えば、コミュニティワークは、図表1-2のように間接援助技術のなかの地域援助技術に位置します。

こうしたコミュニティワークは、個人に対して生活上の困難を解決するケースワークやグループワークといった直接援助技術とは用いる技法が異なります。筆者（2003：21）は、ごく一般的にコミュニティワークを次のように定義しました。

> 地域社会やコミュニティを診断して、住民を組織化して課題や情報を共有する一方、関係の機関や団体などと連絡調整を図り、さらに**社会資源**の活用や開発をめざす計画を立案する、そうしたプロセスを重視して問題解決をしていくソーシャルワークの専門技術の一つである。

社会資源：コミュニティワークにおいて社会資源は、公私の制度・サービス・事業、また機関や団体が行う助成、そして地域に所在する各種の団体や組織など、目的の達成や問題解決の手段となるものすべてを包括する用語として使われる。そこでは福祉関係の施設や団体といったものから、さまざまなボランティア・グループなども含まれる。ただし、社会資源に統一した定義があるわけではなく、論者によって多義的に用いられている。

地域福祉計画の策定や更新が焦点となっている現在、それを「絵に描いた餅」にしないためにも、コミュニティワークの技術を地域福祉の実践に整合させることが大切です。それは地域福祉計画が地図であり、コミュニティワークが燃料であり、そして地域福祉の実践主体が車であって、最後に運転手が住民であると例示することもできます。これらがすべて整備されていれば、地域福祉は定められた目的に向かって進むのですが、これまでの歴史を振り返ると、コミュニティワークの技術を地域福祉の実践に整合させることは、かなり障壁の多い作業となってしまい、必ずしも見通しの立った経過をたどりませんでした。

（2）その歴史的源流と波及

　この理由の一つは、コミュニティワークの技術を練成してきた国が主としてアメリカとイギリスに分かれていた点にあります。コミュニティワークの歴史的な源流は、1710年のドイツのハンブルク市におけるペストの流行に際し、その対策として市衛生協会を設立した史実までさかのぼります。

　翌年に同市は、貧困問題の解決をめざして協会内に「ハンブルク・システム」という事業を実施する部門を設立しました。これは市を分割して各区に責任者を置き、担当区に住む貧困者を実態調査して救済するという事業でした。この事業を改善して、1852年に同じくドイツのエルバーフェルト市へ移して施行された「エルバーフェルト制度」は、全市を546の小地区に分けて各々に名誉職として選ばれた救貧委員を配置し、貧困者への指導を担当させたものでした。

　こうした貧困者救済の組織の設置は、以下に述べるイギリスやアメリカの慈善組織協会の組織化へと波及しただけでなく、戦後に民生委員制度へと引き継がれた岡山県の**済世顧問制度**や大阪府の**方面委員制度**にも影響を与えたといわれています。

済世顧問制度・方面委員制度：済世顧問制度は、1917（大正6）年に岡山県の笠井信一知事によって提唱・実施され、その翌年に大阪府の林市蔵知事により方面委員制度が実施された。これらは都道府県の自発的制度として発足して全国に普及し、1936（昭和11）年の方面委員令の公布によって国の制度となった。

1）イギリスへの活動の波及

19世紀のイギリスでは、救貧法で貧困は個々人の原因によるものとされたために、個別の貧困者への公的救済を厳しく制限していた。この事情もあり、19世紀後半には慈善博愛活動が全盛期を迎えることになる。そうした活動の効率化を目的として、1869年にロンドン慈善組織協会（Charity Organization Society：COS）が設立され、地区委員会も設置された。また1873年には、リバプール市で慈善活動のための募金計画が実施されている。

この時期に、同国の経済学者・歴史学者で社会改良家・牧師でもあったトインビー（Toynbee, A.）が主導したセツルメント運動が広まった。これは、ある生活が困難な小地域へ意識的に人が入り込んで定住し、その小地域の人々と交流しながら生活を改善していく働きかけをする運動である。そして1884年には、世界最初のセツルメント活動の施設「トインビー・ホール」が、聖ユダ教会の司祭であるバーネット（Barnett, S.）によってロンドンのイースト・エンドに開設され、社会改良を目的とする民間活動の拠点となった。

2）アメリカへの活動の波及

先述の諸活動はアメリカにも波及し、1877年にニューヨーク州バッファロー市で最初のCOSが組織された。また、20世紀初頭から慈善活動への募金活動も取り組まれ、1918年にニューヨーク州ローチェスター市に組織されたコミュニティ・チェスト（Community Chest）は、その後全米に広がって日本の共同募金運動の原型にもなった。さらにセツルメント運動の拠点も、1886年にコイト（Coit, S.）によってニューヨーク州でネイバーフット・ギルド（Neighborhood Guild）が創設されたのを皮切りに、全米で普及した。

こうした諸活動の進展に伴い、1909年にミルウォーキーとピッツバーグの両州で、最初の社会福祉協議会となる社会事業施設協議会（Council of Social Agencies）が結成されている。これ以降、さまざまな構成の社会福祉協議会が全米各地で組織され、1911年には慈善組織協会も全米の連合会が結成された。

このように、ドイツで発生した貧困者救済の組織活動が、イギリスに波及して慈善組織協会やセツルメント運動などの民間福祉活動に発展し、さらにアメリカへと及んで、同様の諸活動の進展のなかで団体間の組織化や連絡調整の方法が蓄積されました。そうしたものが整理されて、ＣＯと称される方法論として確立することになります。日本の**社会福祉協議会**（以下、社協と略）は、太平洋戦争後に創設されましたが、その活動に方向性を与えたのはアメリカのＣＯ論でした。

　一方、コミュニティワークとは本来、イギリスのコミュニティケア政策の推進のために、ＣＯを継承して展開した方法論を指すのがほぼ妥当です。長らく日本の地域福祉の分野では、ＣＯとコミュニティワークの用語が併存していました。1987（昭和62）年に社会福祉士及び介護福祉士法が成立して以降は、用語としてコミュニティワークが定着しましたが、それでも理論的に統一された定義は未だにみられません。

　アメリカのソーシャルワークの総合辞典である *Encyclopedia of Social Work* は1929年に初版が発行され、2008年までに20版が発刊されています。この辞典においても先に述べた援助技術の方法論は、ほぼＣＯとして解説されてきました[2]。

　以上のように、ＣＯＳやセツルメント運動といった民間の福祉活動がコミュニティワークの母体となり、方法論として最初にまとめられたのがアメリカのＣＯでした。その後、イギリスはコミュニティワーク、アメリカはＣＯという形で、それぞれの社会情勢を反映して理論は発展してきました。

　この間、英米間でも双方の理論は互いに影響しあい、なおかつ今日まで両者の概念が統一されていないため、コミュニティワークとＣＯは理論的に同質な

社会福祉協議会：東京都に所在する全社協をはじめとして、全国の都道府県や市町村および政令指定都市内の各区にある、社会福祉法人格をもった民間の福祉団体である。日常的に地域住民と関わる活動を行うのは市区町村社協であり、その主な活動内容には、地域福祉の推進を図ることを目的とする事業の企画・実施、それに関する調査・普及・宣伝・連絡調整・助成、社会福祉に関する住民参加の援助などがある（社会福祉法第109条）。一方、都道府県社協は、広域的な見地に立った事業や市町村社協の相互の連絡調整といった業務を行う。

のか異質なのかを確定するまでに至っていません。それでも、両方の理論が導き出す実践のあり方については、ある程度の違いが明らかになっています。

3節　日本でのコミュニティ・オーガニゼーションの歴史

(1) 衛生組合とセツルメント

　日本でも公衆衛生の分野で、CO的といえる小地域での民間活動はかなり早くから展開していました。明治10年代のコレラの大流行をきっかけに、住民が自主的に組織した衛生組合の実践などがその典型です。これは1897（明治30）年に制定された伝染病予防法により、衛生行政の下部機構に位置づけられて発展し、衛生組合連合会も組織されました。けれども、その組織体制の強固さが裏目となり、戦後GHQ（連合国最高司令官総司令部）によって町内会と共に解散を命じられています。

　セツルメントも隣保事業と訳されて、1897年にトインビー・ホールを見学してきた片山潜によって、東京神田三崎町に「キングスレー館」が最初の**隣保館**として開設され、本格的に実践が始動しました。また大正デモクラシーのなかで、学生セツルメント運動も広がっていき、1923（大正12）年の関東大震災の際にも、さまざまな救援に活躍しました。

　こうした諸活動は、戦後その一部が地域福祉施設の形態をもって継承されましたが、結局、運動としては衰退していくことになります。

(2) COと社協の関係

　アメリカとイギリスにおけるコミュニティワークの歴史をみたとき、COSや

隣保館：同和地区およびその周辺の地域社会において、隣保館は福祉の向上や人権啓発のための住民交流の拠点となる地域に密着した福祉センター（第2種社会福祉事業）として、今日でも存在している。そこでは、生活上の各種相談事業をはじめ社会福祉などに関する総合的な事業および人権・同和問題に対する理解を深めるための実践を行っている。

セツルメント運動とＣＯなどの方法論の蓄積には、必然的な脈絡が感じられます。けれども日本では、戦前のそうした民間の福祉活動の「所産」が、ほとんど戦後の社協の創成には継承されていないのが史実です。この民間の福祉活動の歴史的な"断絶"が、地域福祉に後々まで影響することになります。

また日本の社協は、当時のＧＨＱの指導のほかに、次の理由もあって組織された歴史が明らかになっています。

① 戦前の福祉団体の整理統合
② 戦後、民生委員が生活保護の執行の補助機関から協力機関へと組織替えされたことによる不満の吸収
③ 共同募金運動の補完

これらの目的を達成するために、結果としてＣＯ論の解釈が未熟なまま、目まぐるしい機運を伴って社協は市町村段階まで結成が進みました[3]。その結果、地域福祉の歴史においては、ＣＯやコミュニティワークの理論の導入と社協活動の展開が同時並行的に進んでいく事態となりました。

このように日本では、時期ごとに導入されたＣＯ論などを急いで解釈しながら、実験的に地域福祉へ生かす実践を続けてきました。そこでは当然、「うまくいった」実践と「うまくいかなかった」実践がそれぞれにありました。前者は歴史的な教訓として語り継がれたのですが、後者つまり失敗から学ぶことに、あまり社協は傾注しませんでした。これが今日まで、コミュニティワークの研究を輸入型学問に押しとどめる一方、社協活動を全国的に均質化させた要因にもなっています[4]。

21世紀に入って以降、市町村合併や少子高齢化の影響を受けて、地域福祉の実践主体である自治体は変動をし続けています。そうした情勢のなかで、コミュニティを対象としてとらえて、新たな地域福祉を創出することが求められています。このためにも、コミュニティワークの方法論を地域福祉の実践に整合させて、その日本的な展開を図ることが課題となるのです。

> **1章のまとめ**
>
> ① コミュニティワークは地域福祉の進め方を検討する技術であり、地域福祉の理論と整合させながら、その展開のあり方を考えていくものです。そこでは、問題解決のための社会資源の動員や開発が、つねに中心的な課題となります。
> ② 「協働」は最重要のキーワードであり、確かな信頼関係に基づいて行政と他の主体との協働をいかに確立するかが、今日的な課題となっています。
> ③ コミュニティワークの歴史的源流は、COの理論にあります。こうした歴史的な視点をもって、現在の地域福祉の実践のあり方を見直し、新たな未来像を考えることが、コミュニティワーカーや関係者にとって大切な学びとなります。

【注】
1) 杉岡直人（2001：30）は、地域福祉には定説としての定義がなく、地域福祉学なる学問的体系も存在しないと述べている。
2) 1935年の第3版と1939年の第5版にはCOが記載されず、1987年の第18版ではMacro practiceとして解説された。この3回だけが例外である。
3) 社協の歴史的な沿革については、瓦井（2006：第1章）を参照。
4) 今日の先駆的な市区町村社協では、各々の地域の特性を考慮しつつ、住民のニーズに対応した実践が展開されている。この特徴をとらえて社協活動の類型化を試みると、次のように分類することが可能である。
　① 地域資源集約型：地域資源の総力（ネットワーキング）をあげて、住民の生活を援助する活動を展開する社協
　② 地域問題解決型：委託を受けた福祉サービス事業の推進と、地域福祉の組織化活動などの両立を図る社協
　③ サービス供給創業型：要援護者のニーズに対応した、住民参加型の各種福祉サービスの開発とその実践を進める社協

2章 コミュニティワークの古典的な理論を理解する

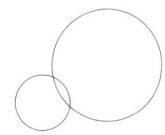

〈方法の概要〉

2章では、コミュニティワークの理論の本質が「道具的理論」であると規定し、そのあり方の命題を示します。

そのうえで、COの代表的な理論である「ニーズ・資源調整説」「インターグループ・ワーク説」「統合化説」の概要を把握し、これら三つの古典的理論が、今日まで地域福祉のあり方に影響を与えている意義を理解します。

◆

Key Words：ニーズ・資源調整説、インターグループ・ワーク説、統合化説

1節　道具的理論としてのコミュニティワーク

（1）コミュニティワークの呼称

1章でみたように、コミュニティワークの理論はイギリスとアメリカでの民間福祉活動を母体として生成しました。今後ともコミュニティワークの研究は、密接に実践での成功と失敗に関係しつつ、その時代の歴史的・政治的・経済的な影響を受けながら変遷していくものと思われます。

こうした背景もあってコミュニティワークは、研究者一人の理論でさえも変化する場合があります。全体をみても、国によって理論の呼称が変わってきており、それが及ぶ内容も多岐にわたっています。

- （米）ＣＯ⇒コミュニティ・インターベンション、コミュニティ・プラクティス
- （英）コミュニティワーク ⇒ コミュニティ・ソーシャルワーク ⇒ コミュニティ・ディベロップメント

このような状況にコミュニティワークはあるため、アメリカとイギリスでの理論全体を把握して、比較検討をするのは相当に困難です。そこで本書では、コミュニティワークを「道具的理論」と規定したうえで、地域福祉の計画的な推進につながる技法の使用を考えていきます。

それは、英米で示されてきた理論がすべて系統的に発展したとみるのではなく、情勢に応じて強調点が変化したり、あるいは取捨選択されたりしたものと理解します。そうした道具的理論としてコミュニティワークの技術をとらえたうえで、本書では「何のために、どのような実践をするのか」という動機と目的を重視します。

（2）コミュニティワークのあり方の命題

先述した動機と目的に従って、適切なコミュニティワークの技術を取り揃え、そして実践を構想することを追究していきます。このために、1章で述べた定

義とは別に、コミュニティワークのあり方の命題をここで設定します。

> コミュニティワークとは、地域社会の生活問題ならびに福祉問題の解決を第一義とする実践とそれに伴う研究からの所産である。その研究で生み出された理論や技術は、さらなる実践活動において試された後の有用性を評価したうえで、しかるべき普遍性が獲得されるものとなる。

この命題を実証するには、本書で述べる方法論で実践された結果をもって理論を評価しなければなりません。それは長い道程になるのですが、まずはその前提として、道具的理論と規定しても基礎となる古典的なＣＯ論の内容を理解します。

2節　コミュニティ・オーガニゼーションの古典的な理論

アメリカで慈善組織協会やセツルメント運動の展開した時代が、ＣＯの萌芽期となったことは１章で述べました。これらの活動には紆余曲折もあったのですが、1910年代になると活動に一定のまとまりをみせ始めました。

こうした活動に関与した諸機関の連絡調整、地域社会の問題把握のための調査、募金などを促す目的の広報などの技術として、アメリカでＣＯは蓄積されてきました。そのような萌芽期を経て1960年代に至るまでに、次のような点を重視するＣＯの定義が、さまざまな研究者によって発表されました。

① 協力・協働・統合（調整）
② ニードへの対応と社会資源との関係
③ ケースワークやグループワークのような直接的な援助と区別される、社会福祉事業（プログラム）関係
④ 組織や機関の前向きな関係づくり

コミュニティワークを道具的理論と理解すれば、これまでの定義のなかには、もはや顧みられなくなった考え方もありました。けれども、次のレイン（Lane, R. P.）、ニューステッター（Newstetter, W. I.）、そしてロス（Ross, M. G.）らの

功績は、ソーシャルワークの専門技術としてＣＯを確立させるのに貢献をしました。そこで、主要な三人によるＣＯ論の概要を述べていきます。

（１）ニーズ・資源調整説
　1939年の全米ソーシャルワーク会議にて採択された『ＣＯの討議計画に関する起草委員会報告書－レイン委員会報告』は、ＣＯ論の体系化をめざしたものでした。レインを委員長としたその報告書では、ＣＯの一般的目標（General Aim）を「社会福祉資源と社会福祉ニーズとの間に、より効果的な適応を将来し、かつそれを保持すること」と規定し、その具体的な意味として次の三つをあげました。
　① ニードの発見と決定
　② 社会的窮乏と不能力とのでき得る限りの除去と防止
　③ 資源とニードとの接合および変化するニードに、一層よく適合するように絶えず資源を調整すること

さらに、上記の一般的目標を達成するための手段として、同報告書では次のような二次的目的（Secondary Objectives）を掲げました。
　① 健全な計画と行動とのために、適切な事実上の基盤を獲得し保持する。
　② 資源とニードとの間に、よりよき調整をもたらすために社会福祉事業（プログラム）とサービスを創造し、発達させ、かつ修正する。
　③ 社会事業の基準を向上せしめ、個々の施設の効率を増進する。
　④ 社会福祉事業（プログラム）およびサービスに関係する機関（団体）グループおよび個人間の相互関係を改善促進し、かつ連絡調整を推進する。
　⑤ 福祉の問題とニード、社会事業の目的、計画、および方法などについて公衆のよりよき理解を発達させる。
　⑥ 社会福祉活動に対する公衆の支持および参加協力を発達させる。

　以上の考え方は「ニーズ・資源調整説」と呼称され、これ以降のＣＯ論における教科書的な理論と位置づけられました[1]。
　今日に至るまで、ニーズと社会資源の種類、その構造などを把握する調査活

動の重視、また両者の調整のためにコミュニティワーカーが解決方法を計画し、さらに住民参加も促していく技法は、このニーズ・資源調整説を基礎としています。

（2）インターグループ・ワーク説

　レイン委員会報告の二次的目的にも含まれていたインターグループ・ワーク（inter-group work）は、地域社会の問題解決を目的とした協力体制の組織化を促進するために、事業やサービスに関係する機関・団体・グループ、そして個人との相互関係を改善や促進し、連絡調整を図る技術です。

　グループワークを定義した論者でもあるピッツバーグ大学のニューステッターが、グループワークの理論をCOに適用してインターグループ・ワークを構想しました。そして1947年の全米ソーシャルワーク全国会議で、ニューステッターがこの技術を理論的に強化して発表したことにより、インターグループ・ワーク説は確固たる影響力をもつようになりました。

　さまざまなグループで構成される地域社会は、「組織間の相互の満足すべき関係」や「組織によって選択され、受容された社会的目標」が一定の関心事となります。そうした関心事をもって地域社会は、グループ同士の相互作用やグループとコミュニティとの相互作用によって発展していきます。

　この点を重視してニューステッターは、①目標の達成に関わり、構成する諸集団の関係を調整し、満足のいく関係をつくること、②諸集団の代表との間に十分な意思疎通と相互関係をつくること、を焦点としながら、地域問題の組織的な解決を図るCO論として、インターグループ・ワーク説を確立しました。

　実際に、インターグループ・ワークを進めていく要点は、次のようになります。

① コミュニティを構成するさまざまな下位集団の各代表者によって一定の組織を形成し、そのなかで円滑な協力関係を築く。
② 下位集団の代表者の力量を高めて、組織や他の下位集団との結びつきを強める。

③　各下位集団がもっている諸機能を強化する。
④　組織が決定した方針や計画に基づいて、下位集団間が協働して実践活動を展開していく。

　この組織間関係の協力・協働を重視するＣＯの技術により、ネットワークなどが未発達な地域社会で、コミュニティワーカーが果たすべき役割が明確になりました。そうした地域では、地域社会を構成している各種の下位集団から、その集団の利害や関心を正しく反映できる代表者を民主的に選出することが、コミュニティワーカーが手がけるべき活動として認識されたのです[2]。

　地域社会の全体的な調和をもたらすために、地域の諸問題に対して一定の期間に機関・団体・グループなどの代表者が「○○（対策の）協議会」を組織し、問題解決を図る技術として、インターグループ・ワーク説は今日でも重視されています。

（3）統合化説

　カナダのトロント大学のロスは、本人の国際的な実践経験も含めたＣＯ実践の分析の一般化・理論化を図った『コミュニティ・オーガニゼーション：理論と原則』（*Community Organization：Theory and Principles*）を1955年に著して、ＣＯ論を理論的に成熟させました。

　ＣＯの実践でロスは、住民の自発的な参加とそれによる地域社会の統合を重視し、ＣＯを「共同社会がみずから、その必要性と目標を発見し、それらに順位をつけて分類する。そしてそれを達成する確信と意志を開発し、必要な資源を内部外部に求めて、実際行動を起こす。このようにして共同社会が団結協力して、実行する態度を養い育てる過程」と定義しました（Ross＝1968：42）。

　さらにロスは、コミュニティでの実践の技術として**コミュニティ・ディベロップメント**とＣＯと**コミュニティ・リレーションズ**をあげました。これらの技術は「自己決定」「地域社会の歩調」「地域から生まれた計画」「地域社会の能力の増強」「変革への意欲」を要素とし、また共通して次の実践の方法をもつと論じました。

① 単一目標による方法（specific content objective）
　特定のニーズを満たしたり、特定の社会資源を調整したりして、ある状況の改善を目標とする方法。
② 全般的目標による方法（general content objective）
　ある分野に関心がある地域住民の多数が参加・協働し、その関連の諸サービス全般の改善を目標として、調整をしたり計画を立てたりする方法。
③ 過程を目標とする方法（process objective）
　地域住民にとっての共通の問題を発見し、住民参加によって計画的にその対策を図っていく方法。特にそのプロセスにおいて、住民参加の自己決定や協力的活動、そしてコミュニティの問題解決能力を向上させることが目標となる。

　上記の方法のうち、①と②は具体的に達成すべきタスク・ゴール（課題目標）を設定します。それに対して③は、そうした課題の達成に至るまでの内容を重視するプロセス・ゴール（過程目標）を設定する方法となります。

　このようなＣＯ実践のプロセスを容易にするために、多数の住民が関心を抱く目標を確保するために設けられた組織体（委員会・協議会・協会・審議会など）の機能にロスは着目し、そうした組織体である団体（association）の性質・機構・運営方法のあり方を規定する、図表２－１の「組織化に関する諸原則」を

コミュニティ・ディベロップメント（Community Development）：コミュニティ・ディベロップメントは多くの定義があるが、一般的には地域住民の合意を形成し、自助や相互協力を促進させて、生活水準の改善や向上を自発的に導く技術とされている。これまで国際連合は、開発途上国への支援策としてコミュニティ・ディベロップメントを重用してきた。それを国連では、「地域社会の住民自身の努力と政府機関の努力を結びつけることで、コミュニティの経済的・社会的・文化的諸条件を改善し、これらのコミュニティを国民生活に統合して、国全体の発展に貢献できるようにする諸プロセスである」と定義している（1956年）。またイギリスでは近年、コミュニティワークに代わる用語としても使われている。
コミュニティ・リレーションズ（Community Relations）：地域社会にある機関や施設などが、その地域のコミュニティと望ましい関係を形成するために、参加や協力をする技術である。具体的には、コミュニティへのサービスの提供や地域社会の諸活動への参加、そして広報などが含まれる。日本での「施設の地域化」の課題は、コミュニティ・リレーションズの展開を意味するものである。

図表2-1 ロスの「組織化に関する諸原則」

① 共同社会に現存する諸条件に対する不満は必ず団体を開発および（または）育成する。
② 不満の中心点を求め、特定の問題に関し組織化、計画立案、ならびに行動に向って道を開くこと。
③ コミュニティ・オーガニゼーションを開始し、あるいは支える力となる不満は、共同社会内で広く共有されるべきこと。
④ 団体には指導者（公式・非公式両方とも）として、共同社会内の主要下位集団に密着し、またそれから承認された指導的人物を関与させるべきこと。
⑤ 団体はその目標と手続き方法を真に受け入れやすいものとすべきこと。
⑥ 団体のプログラムには情緒の満足を伴う活動を含めるべきこと。
⑦ 団体は共同社会の内部に存在する善意を、顕在的なものも潜在的なものも、ともに利用するように心がけるべきこと。
⑧ 団体としては、団体内部の意志伝達ならびに団体と共同社会とのコミュニケーションの両方を、積極的、効果的に開発すべきこと。
⑨ 団体は協力活動を求めようとするグループに対する支持と強化に努力すべきこと。
⑩ 団体はその正規の決定手続きを乱すことなく、団体運営上の手続においては柔軟性をもつべきこと。
⑪ 団体はその活動において共同社会の現状に即した歩幅を開発すべきこと。
⑫ 団体は効果的な指導者を育成すべきこと。
⑬ 団体は、共同社会内に、力と安定および威信を育成すべきこと。

出典）Ross（＝1968：169-219）

示しました。

　これらの原則が意味するのは、問題や課題の解決（タスク・ゴール）に至るまでの手続きなどの内容を重視する「プロセス志向」、つまりプロセス・ゴールの達成です。住民によって構成される団体の組織化は、ロスにとってCOのプロセスを容易にするための指標とされました。

　このように、住民の自発的な参加による地域社会の協働の態勢づくりをプロセスとして重視するCO論は「統合化説」と称されました。そうした統合化説によるCO論は、次のように要約ができます[3]。

① 地域住民の不満の集約から出発して問題を特定化し、
② 問題解決をめざす組織化と計画の立案を図り、
③ その組織内外において合意形成や意思伝達を図る運営を心がけ、
④ 地域社会の問題解決能力を育成する活動をすること。

ロスの統合化説は、今日でも「コミュニティの力量形成」というテーマで、イギリスやアメリカにおけるコミュニティワークの主要課題として認識されています。コミュニティの力量形成の論議では、個々のメンバーのスキルの開発以上に、コミュニティの組織の強化に重点を置く傾向があります（Twelvetrees =2006：67-70）。

　またロスのＣＯ論は、日本の社協活動にも影響を与えています。特に1962（昭和37）年に策定された『社会福祉協議会基本要項』の第1条では、次のように社協が規定されました。

> 一定の地域社会において、住民が主体となり、社会福祉、保健衛生その他生活の改善向上に関連のある公私関係者の参加、協力を得て、地域の実情に応じ、住民の福祉を増進することを目的とする民間の自主的な組織である。

　これは後に、「住民主体の原則」として認知された条項ですが、この理念に統合化説の影響をみることができます。他にも同基本要項の内容においては、社協の主たる機能が福祉計画の策定と組織化活動であることを示し、それ以降の社協活動のあり方に転機をもたらしました。

　以上の「ニーズ・資源調整説」「インターグループ・ワーク説」「統合化説」の三つのＣＯ論が、今日まで影響力を保持している古典的な理論とされます。これらのＣＯ論は、都市化などの進行により解体しつつある地域社会の再組織化を目標とする点で共通しているといえます。

社会福祉協議会基本要項：社協の性格と組織、機能のあり方や目標などの基本事項を協議して、全社協の理事会の承認を得て発表された指導的文書である。社会福祉関係八法改正を機に最初の基本要項は全面的に改訂され、1992（平成4）年に『新・社会福祉協議会基本要項』として提示された。そこでは、社協の性格・活動原則・機能が示され、住民主体の原則は「住民活動主体の原則」に改められている。

2章のまとめ

① コミュニティワークは道具的理論として、その理論の有効性が地域福祉の実践でつねに検証されているものと理解します。
② そうしたなかで、「ニーズ・資源調整説」「インターグループ・ワーク説」「統合化説」のＣＯの古典的理論は、今日の地域福祉の推進においても振り返るべき価値を有する方法論となります。
③ ニーズ・資源調整説とインターグループ・ワーク説が、主としてコミュニティワーカーや機関の代表者の役割を規定したのに対し、統合化説が地域社会の問題解決の主体としての住民活動のあり方を論じた点に、異なる意義を見いだすことができます。

【注】
1) レイン委員会報告の全容については、牧（1966：222-241）を参照した。
2) インターグループ・ワーク説については、牧（1966：51-53）・定藤（1988）・Rothman（1999：218）などを参照した。
3) 統合化説については、Ross（=1968）や山口（2010）などを参照した。

3章 現代的な理論を理解する I
―― 方法モデルの構想

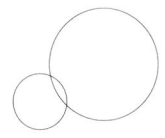

〈方法の概要〉

　3章では、アメリカの研究者であるロスマンが提唱したCOの方法モデルについて、その考え方を学びます。このロスマンの方法モデルによって、COは地域の問題状況に応じて用いることが明確になり、実践の理論として具体的に発展するようになりました（道具的理論としての進展）。

　ロスマンの方法モデルは、イギリスなどの諸外国にも影響を与えましたが、その理論は近年でもコミュニティ・インターベンションとして、さらなる改良が試みられている点を理解します。

◆

Key Words：地域開発モデル、社会計画／政策モデル、ソーシャル・アクションモデル

1節　コミュニティ・オーガニゼーションの方法モデル

（1）ロスマンの方法モデル

　アメリカにおいて、それまで社会福祉に限定されていたＣＯの領域をもっと拡大していこうとする動向は1950年代からあり、ロスは農業・教育・コミュニティ開発などにもＣＯは応用できると論じていました。けれどもレイン委員会報告にも関わったダナム（Danham, A.）などは、統合化説はごく小さい地域社会にしか適用できないと批判し、ＣＯの発展のためにソーシャル・アクションの重視を主張していました。

　折しも1960年代のアメリカは、ベトナム戦争や公民権運動などで政情が不安定さを増し、また急激な産業化や都市化によるコミュニティの崩壊などの問題を抱えていました。そうした社会的危機に対処するために、ＣＯには問題解決の機能の拡充が求められました。全米ソーシャルワーカー協会（NASW）のＣＯ委員会は、1962年に『ＣＯ実践の作業定義』を発表し、問題解決をめざすＣＯ実践者の理論の方向づけをしました。そこでは実践者が関与すべきＣＯの技術として、組織化や計画、ソーシャル・アクションなどがあげられています。

　一方、ＣＯの研究面では、社会学の社会システム論の考え方が導入され、さまざまなシステムで構成されるコミュニティには、それに適合したＣＯ実践のアプローチで対応することが論じられました。それに従ってＣＯ実践のアプローチを類型化した論説がいくつか発表されましたが、なかでもロスマン（Rothman, J.）が「地域開発モデル」「社会計画モデル」「ソーシャル・アクションモデル」に類型化した方法モデルは、その幅のある適用性が高く評価されました。

　1968年にサンフランシスコでのソーシャルワーク全国会議において、ロスマンが提唱した三つの方法モデルの概要は、次の通りです（Rothman 1968）。

　1）モデルＡ（Locality Development：地域開発）
　地域開発モデルは、住民参加を重視しつつコミュニティの組織化を図る伝統

的なＣＯの方法を展開するもので、人口構成が同質的で目標に対する合意が得られやすいコミュニティにおいて適切に機能する。

このモデルの目標は、自助とコミュニティの諸集団の全体的調和であり、コミュニティワーカーの役割は、それらの諸集団の連絡調整や合意形成のための側面援助を図ることにある。

2）モデルB（Social Planning：社会計画）

社会計画モデルは、効率的な社会資源の配分による課題達成を目標とし、それを可能にする計画の立案を基本的機能とする。そのため一定の社会資源がなくとも、住民の間でニーズや利害が複雑に交錯している状況において、このモデルは有効となる。

同モデルでは、住民参加を促す方法よりも問題解決案や客観的な最善策を計画する専門的能力が重視され、コミュニティワーカーは、①専門的な技術者、②事実の発見者・分析者、③計画の履行者および促進者、などの役割を遂行することになる。

3）モデルC（Social Action：ソーシャル・アクション）

ソーシャル・アクションのモデルは、不利益を被っている住民が組織化を図って発言権や意思決定権を獲得し、社会資源の改善や開発をしたり、また権力機構を変革したりする活動である。社会資源の不平等配分などが原因で住民が利害対立し、合意形成を前提とする地域開発モデルが有効に対応できない場合に、このモデルが用いられる。

ミシガン大学に在籍していたロスマンと同僚の研究者らは、1970年から『ＣＯの戦略』という論文集を刊行し、三つの方法モデルを基礎としたＣＯ論を展開してきました。同論文集は第6版（2001年）まで続刊されていますが、第5版（1995年）以降は『コミュニティ・インターベンションの戦略』にタイトルを刷新しています[1]。

（2）コミュニティ・インターベンション

　1980〜90年代の間に、アメリカのＣＯ研究には変化がありました。1980年代はソーシャルワークのマクロ的な視座をもってＣＯの方法モデルを構築し、それを駆使していく手法の確立に力点を置いていました。それが1990年代以降のＣＯ論では、コミュニティの問題解決を重点目標とし、多様化した方法モデルを用いながら、積極的な介入を図って解決を図るのを重視するようになります。

　以下では、1990年代に入ってロスマンが提唱した、コミュニティ・インターベンション（Community Intervention）の理論的な特徴をみていきます。

1）定義の不明確さ

　コミュニティ・インターベンションの用語について「それはまたコミュニティ・プランニング、コミュニティ・リレーションズ、変革への計画、コミュニティワークなどとも称される。さらにはネイバーフッド・ワーク、ソーシャル・アクション、インターグループ・ワーク、コミュニティ・プラクティスといった語句も好んでつけ加えられる」（Rothman 1995 a：4）ものとし、ロスマンは明確な定義づけをしていない。

　この用語を使用する理由についても、「ＣＯとは、歴史的に包括的な用語体系であったものだが、けれどもそれは度々もっと狭い急進的なコミュニティの組織化と混同される。コミュニティワークは、しばしば地域発展の見解を伝えるものとして用いられている。コミュニティ・インターベンションは、使われる語句へ架橋することに便利で有用なものと思われる」（Rothman 1995 b：28）と述べている程度である。

2）対象とする範域

　コミュニティ・インターベンションが対象とする範域は、実践の要素となる社会的な対象として「コミュニティ」「組織」「グループ」をあげている。コミュニティは社会の重要なサブシステムであり、地域に関連した機能が働く範囲である。そこでは地域住民・資産・サービス・責務を果たす組織などが重視される。

組織はフォーマルとインフォーマルの両方を含み、目的達成の手段を有して人々が望む生活の実現に寄与する。最後のグループとは、各種の委員会といった単位が該当し、問題解決や変革の課題をもって貢献するものとなる。

　このようなロスマンの論調は、社会的な情勢の影響を受けて変化する道具的な理論としてのＣＯの特性をよく表わしています。結論的にコミュニティ・インターベンションは、人間の成長や社会改良の達成を目的としたアプローチを行います。これには、ソーシャルワーク・保健・社会教育・行政・都市計画・地域精神保健の専門家や、市民団体やソーシャル・アクションのグループの市民ボランティアなどのコミュニティの実践者が関与していきます。

　これらの実践者に対してロスマンは、①困難や障害を被っている個人を直接的に援助するミクロな視点、②困難の原因となったり、悪化させたりしている社会環境を変革するマクロな視点、の両方をもった**ジェネラリスト**としての資質を求めています（Rothman 1995 a：9-15）。

2節　実践におけるアプローチの混合

（1）方法モデルの再構成

　1980年代のソーシャルワークのマクロ的方法が重視された時期に、ロスマンは当初のＣＯの三つの方法モデルの他に、次の二つの方法モデルをサブモデルとして加えていました。

　①　政策分析を通して政策の発展や改善のための諸条件を明らかにし、その

ジェネラリスト（generalist）：ジェネラリストとしてのソーシャルワーカーが求められる背景には、ソーシャルワークの統合化がある。この統合化とは、ケースワーク・グループワーク・ＣＯなどの主要な方法論の共通基盤を明確にして、一体化してとらえようとする動きを意味する。アメリカにおいては1955年の全米ソーシャルワーカー協会の結成、イギリスでは1968年のシーボーム報告があらゆるクライエントを統合的に処遇できるソーシャルワーカーの養成が必要と指摘したことを契機として、統合化への動きが活発になった。

実践をめざす概念である「政策実践」モデル
② ＣＯの推進機関・組織における人事や財政の管理、さらに運営の民主化や環境改善などの機能の概念である「アドミニストレーション」モデル

そして1995年に、コミュニティ・インターベンションとして概念化した際に、ロスマンは方法モデルを再構成しました。まず、先に述べたサブモデルのうちアドミニストレーションのモデルを除外しました。これはコミュニティの改善や変革、問題解決を目的とする介入の方法を集約するコミュニティ・インターベンションでは、**ソーシャル・アドミニストレーション**は別次元の方法になると判断されたのです。

もう一つのサブモデルであった政策実践モデルは、社会問題の解決手段のためにデータの収集と分析を準備する共通性を考慮して社会計画と組み合わされ、「社会計画／政策」モデルへと統合されました。この結果、コミュニティ・インターベンションでは、モデルＡ（地域開発）、モデルＢ（社会計画／政策）、モデルＣ（ソーシャル・アクション）、の方法モデルに再構成されました。

（２）方法モデルの混合アプローチ

こうして再構成した三つの方法モデルにより、ロスマンは混合アプローチという方法モデルの用法を示します。ロスマンが三つの方法モデルを着想した当初は、これによる実践のアプローチはほぼ理想的なものとして、方法モデルの独立性を強調していました（図表3 - 1 -①）。それから、つねに他のアプローチとの関わりを想定した、問題状況に応じての方法モデルの選択的・混合的・移行的な活用を論じるようになります（図表3 - 1 -②）。

コミュニティ・インターベンションでは、これまでの方法モデルの活用を認め

ソーシャル・アドミニストレーション（Social Administration）：機関や施設での運営管理という狭義の意味に始まり、福祉・医療・所得・教育・住宅などの社会保障の政策に関連する制度の運営管理という広義の意味に至るまでの広範囲な内容を含むソーシャルワークの用語である。一方、ソーシャルウェルフェア・アドミニストレーションは、アメリカで発展したソーシャルワーク実践の技術の一つである。これは、福祉機関や施設を対象とする組織運営や管理の合理的な向上に関する方法論を意味している。

図表3-1　コミュニティ・インターベンションの方法モデルの位置関係

① 理想型としてのインターベンション方式

② 重複が見られるインターベンション方式

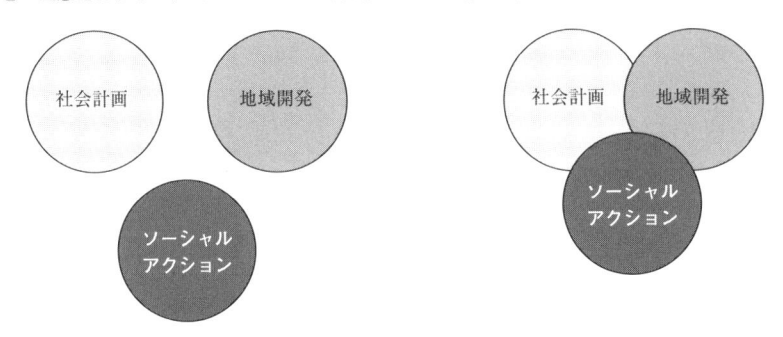

③ 混合により「モデル」「複モデル」「すべての混成」の領域が比例しているインターベンション方式

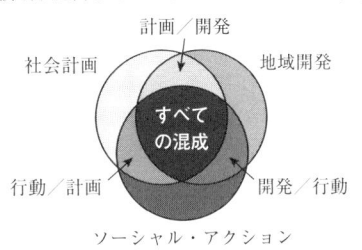

出典）Rothman（1995 b：46-47）

たうえで、最初から方法モデルを混成した混合アプローチとしての用法を提唱しています。混合アプローチとは、方法モデルを二つずつ「開発／行動」「行動／計画」「計画／開発」組み合わせた複モデル（Bimodal）の組成を意味します。またすべての方法モデルが混成する、図表3-1-③の中心部の状態も理論的にあるとしました（Rothman 1995 b：46-52）。

以上のように、三つの方法モデルのアプローチを混合する理由について、ロスマンは次のような実践状況の変化をあげています。

1）地域開発での変化

地域開発では、外部との関係によってプログラムを拡大した社会計画を策定する傾向がある。また地域グループが相互に関係することで、社会計画の役割

を側面的に担ったり、ソーシャル・アクションの構成単位になったりする場合がある。

2）社会計画での変化

社会計画では、つねに広範囲な住民参加が強調されるので、地域開発のアプローチを重視する場面が多くある。

3）ソーシャル・アクションでの変化

ソーシャル・アクションも急進的な変革ばかりでなく、標準的な改変を目的とするものが増え、社会計画や政策の実践のデータに基づいた技術を用いたり、実践活動の団結や継続をしたりするために地域開発が重視されている。

人々の価値観が多元化して相反することが多い現代社会では、単独のＣＯモデルだけでは十分な社会貢献が困難なために、こうした実践の変化が起きています。また限られた時間で複数の成果が要求される情勢では、混合アプローチが有効であるとロスマンは論じています。さらに、こうした実践を経験的に行っている組織や団体は、すでに多くあるとも指摘しています（Rothman 1995 b：52-61)。

研究者においても、マクマスター大学のリー（Lee, B. ＝2005：44-56）は、ロスマンの地域開発とソーシャル・アクションのモデルの主要な側面を混合した「実践的アプローチ」のあり方を提起しています。それは、各種のコミュニティ・グループや多様な問題状況に、広く有効な基礎的モデルになると主張しています。

（3）12の分析指標

同じくロスマンによって提示された、問題対象を把握する12の分析指標は、三つの方法モデルのアプローチを適用する際に、選択される実践の変数（コミュニティの状況、行動の目標となる範疇、一般的な福祉の概念、適当な戦略な

ど）の特質を仮定したものです（図表3-2）。それは、三つの方法モデルの活用を考えるうえで、戦略の見取り図にもなります。

この12の分析指標によって、それぞれの方法モデルを選択して状況に応じて取るべき対処が明確になり、ＣＯ実践の幅を広げる効果をもたらしました。

図表3-2　コミュニティ・インターベンションのアプローチとそれに従って選択される実践変数

	モデルA （地域開発）	モデルB （社会計画／政策）	モデルC （ソーシャル・アクション）
1. コミュニティ活動の目標範疇	コミュニティの能力と統合：自助（プロセス・ゴール）	実質的なコミュニティの諸問題に対する問題解決（タスク・ゴール）	権力関係や資源の転換；基本的な制度上の変革（タスク・ゴールもしくはプロセス・ゴール）
2. コミュニティの構造や問題状況に関する仮説	コミュニティの衰退、アノミー：関係や民主的な問題解決能力の欠如：活気のない伝統的社会	実質的な社会問題、精神的・身体的健康、住宅問題、レクレーションなど	虐げられた人々、社会的不正、搾取、不平等
3. 基本的な変革の戦略	問題の限定や解決における、広範囲な階層の巻き込み	問題についてのデータ収集や最も合理的な行動の順序の決定	問題の具体化や敵対目標に対して行動を起こすための人々の動員
4. 特徴的な変革の戦術と技術	合意：コミュニティの諸集団や諸利益間の意志疎通：グループ討議	合意もしくは対立	対立や対決、直接行動、交渉
5. 顕著な実践者の役割	助力者-分析者、調整者：問題解決技術や倫理的価値の教育者	事実の収集者および分析者、事業の推進者、促進者	弁護する行動者；扇動者、仲介者、交渉者、同志
6. 変革の手段	課題を志向する小グループの導き	公的組織の導きとデータの取り扱い	大衆組織や政治過程の導き
7. 権力構造に対する志向性	権力組織のメンバーは、共通の事業における協力者である	権力組織は雇用者やスポンサーである	権力組織は行動の外部標的；倒されるか覆されるべき圧政者
8. 受益する組織の境界となる定義	地理的コミュニティ全体	コミュニティ全体もしくはコミュニティ階層	コミュニティ階層
9. コミュニティの下部組織の利益についての仮説	共通利益もしくは調整可能な相違	調整可能な利益もしくは対立状態にある利益	容易に調整できない利益争い、不十分な資源
10. 受益者の概念	市民	消費者	被害者
11. 受益者の役割の概念	相互作用的な問題解決のプロセスにおける参加者	消費者もしくは受給者	雇用者、任命者、仲間
12. エンパワーメントの使用	共同的で洗練された決定をするためのコミュニティの能力の構築；住民による個人的な支配感情の促進	サービスのニーズについての消費者からの発見、消費者のサービス選択の情報の告知	受益組織のための外部権力の獲得；コミュニティの決定に影響する権利と手段、参加者による征服感情の促進

出典）Rothman（1995 b：44-45）

以上のような方法モデルの開発の効果もあって、1960年代以降、アメリカでは各地にコミュニティ開発専門組織（Community Development Corporation）が整備され、さまざまな実験的・開拓的なＣＯの事業が展開されました。その適用範囲も福祉に限定されず、保健・住宅・教育・雇用など生活全般の課題に広がりました。

3節　方法モデルの発展

今日、ロスマンの方法モデルは、古典的なＣＯ論と同様に教科書的な理論の一つと評価されています。それはロスマン以降、さまざまな研究者によって方法モデルの発展的な研究がなされた点でも明らかです。本節では、そうしたロスマン以外の研究者による方法モデルの概要をみていきます。

（1）ウェイルとギャンブルの方法モデル

他の方法モデルの提唱者としては、*Encyclopedia of Social Work*の第19版（1995年）で、Community practice modelの項目において発表した、ウェイル（Weil, M. O.）とギャンブル（Gamble, D. N.）によるモデルがよく知られています。

この両者は、コミュニティ・プラクティス・インターベンションとして、次の八つのコミュニティ実践のモデルを示し、その関心の範囲と役割についてマトリックスを用いて比較しました。

① 近隣とコミュニティの組織化（Neighborhood and Community Organizing）
② 機能的コミュニティの組織化（Organizing Functional Communities）
③ コミュニティの社会経済的、そして持続的な開発（Community Social, Economic, and Sustainable Development）
④ プログラムの開発とコミュニティとの連絡（Program Development and

Community Liaison)
⑤　社会計画（Social Planning）
⑥　提携（Coalitions）
⑦　政治的・社会的活動（Political and Social Action）
⑧　急進的な変革のための運動（Movements for Progressive Change）

　これらもよくみると、ロスマンの理論を基礎として拡充した方法モデルであることがわかります。アメリカで尊敬を受けているソーシャルワーク教育者のウェイルは、従来からコミュニティ実践において「組織化」「計画」「開発」「変革」が、基本的な構成要素として重視されると主張してきました。さらに、地域開発・社会計画・社会変革を推進するうえでは、優れたコミュニティ実践モデルが必要であると論じています（Weil 1994：xi-xix）。
　こうしたウェイルの考え方に基づいて八つの方法モデルは、コミュニティ実践に適合するように構成されたものといえます。

(2) ハーディナの方法モデル
　最近の研究では、アメリカのハーディナ（Hardina, D.）がロスマンの方法モデルに、変容させるモデル（Transformative model）をつけ加えることがもたらす有効性を論じています。この方法モデルは、歴史的な抑圧に苦しんでいる人種の個々人に対して、批判的な意識の醸成を図り、相互の学習を通じて平等な地位を獲得する行動を促すエンパワーメントのアプローチを含むものです。そこでは、多文化的な実践やフェミニスト実践も関係してきます。
　このようにしてハーディナは、文化の相違と抑圧の影響に対して認識ができるコミュニティワーカーの能力は、コミュニティ実践における必須の要素であると述べています（Hardina 2002：76-85）。
　こうした「変容させるモデル」は、社会的に不利な状況に置かれている人々の権利擁護をめざすソーシャル・アクションのあり方に一石を投じる考え方であるため、15章において再論します。

(3) ジェフリースの方法モデル

コミュニティ実践の方法モデルの研究は、アメリカだけでなくイギリスでも取り組まれています。代表的な研究としては、ジェフリース（Jeffries, A.）による方法モデルがあり、それは次の四つで構成されています。

① 能力と気づきの促進（Capacity and Awareness Promotion）
② パートナーシップの促進（Partnership Promotion）
③ 非暴力の直接行動（Nonviolent Direct Action）
④ 社会的なキャンペーン（Social Campaigns）

このジェフリースの方法モデルは、ロスマンの方法モデルをイギリスでの実践に合うように改良したものといえます。そこでは、地域開発が「能力と気づきの促進」に、社会計画が「パートナーシップの促進」へと、それぞれロスマンの方法モデルを質的に転換されています。残りの二つは、ソーシャル・アクションの具体的な展開を方法モデルとしています（David et al. 2002：54-56）。

以上の諸研究からいえるのは、コミュニティ実践の方向性とアプローチを選択するうえで、有用な戦略・役割・技術などを明確にするために、こうした方法モデルは構想されてきたという点です。これらの方法モデルは、コミュニティワークの実践を重ねるなかで一定の評価を経て帰納法的に導き出されたものであり、今日までその有用性を世に問うているといえます。

> **3章のまとめ**
>
> ① 福祉政策を推進していくうえで、日本では特に社会計画の方法モデルを重用する現況にあります。自治体のレベルでも、まず計画策定に必要な専門的知識や技術が重視されています。
> ② しかしながら、そうした社会計画の方法モデルに力点を置くことが計画策定を自己目的化してしまい、計画を実施した結果がよい成果を残していないという評価も見受けられます。
> ③ 今後、多角的な地域福祉を進めるにあたっては、ロスマンの方法モデルの混合アプローチをいかに進めていくかが焦点となります。なぜなら、高齢者以外の社会資源が少ない分野の地域福祉では、計画策定で取り上げる選択肢が限られてしまうからです。このような状況に対処するために、地域開発やソーシャル・アクションのモデルとの混合も考える必要があります。

【注】
1）ロスマンの理論の変遷については、瓦井（2006：109-117）を参照。

4章 現代的な理論を理解するⅡ
── コミュニティケアの実践と方法

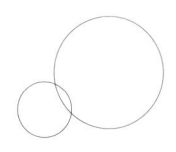

〈方法の概要〉

　4章では、イギリスの福祉政策で推進されてきた「コミュニティケア」の歴史的な推移と、その政策や実践の方向性を示した三つの重要な報告書の概要を把握します。

　そして、これらの報告書の中から提示されたコミュニティ・ソーシャルワークという総合的な技術の内容を知り、この方法論が日本に与えている影響を理解して、今後の地域福祉の課題を考えます。

◆

Key Words：コミュニティケア、シーボーム報告、バークレイ報告、グリフィス報告、コミュニティ・ソーシャルワーク

1節　イギリスにおけるコミュニティケアの実践

(1) シーボーム報告――コミュニティケアの進展

　コミュニティケアとは、居宅の要援護者に対して地域の社会資源や住民参加によって援助する方法論を意味します。元来は施設ケアに相対する援助のあり方として生まれ、1859年にイギリスで成立した精神衛生法を歴史的な源流として、精神医療での処遇の領域で進展してきました。

　1950年代になると、同国でのコミュニティケア実践は本格化します。大規模な精神科の病院は徐々と閉鎖され、地域で暮らす精神病患者や精神障害者へのサービスを地方自治体が開発し始めました。このように1950～60年代のコミュニティケアは、「コミュニティ内でのケア」(care in the community：在宅ケア) の方針をもって、精神病患者や精神障害者などに対するコミュニティ治療に重点を置いていました。

　イギリスのコミュニティワークは、施設ケアと対照されるコミュニティケアの推進と結びついていました。そこでは、在宅ケアを拡充するための技術として意識されたために、当初、コミュニティワークとケースワークとの関連づけが検討されていたといわれます (Specht and Vickery =1980：226-234)。

　1968年に示された同国の**シーボーム報告**では、コミュニティケア実践に変化が生じてきます。個別社会サービス (Personal Social Services) の供給を重視した同報告は、「コミュニティに立脚した、健全な家族志向サービスを行う部局を地方自治体に新たに設けること、また住民の誰もがそのサービスを受けられる

『地方自治体と対人福祉サービス：英国シーボーム委員会報告』(*Report of The Committee on Local Authority and Allied Personal Social Services*)：1965年にイギリス政府は、シーボーム卿 (Seebohm, F., Sir) に対して「イングランドとウェールズにおける地方自治体のパーソナル・ソーシャルサービスの組織と責任はいかにあるべきかを再検討し、家族サービスの活動を効果的に実施するための保障として、何らかの望ましい改革案を考察すること」を諮問した。それを受けた同卿を委員長とする「地方当局並びに関連対人社会サービス委員会」は、2年半の検討の末に、地方自治体の責任を明確にした同報告書をまとめた。

ようにすべきであること」(Report of The Committee =1989 : 4) を勧告しました。

　この勧告の焦点は、地方自治体に個別社会サービスを扱う単一の統合化された専門部局を設置することにあり、これに従って1970年に地方自治体社会サービス法（Local Authority Social Services Act）が成立しました。同法によって、これまで個別運営されていた地方自治体の児童・福祉・保健・教育・住宅などの社会サービス関連各部を再編し、社会サービス部に統合する方向での組織改革が行われました。それを総合的に推進する政策として、個別社会サービスを軸としたコミュニティケアが展開され、ソーシャルワーカーの資格制度も確立しました。

　このようにして、1970年代からイギリスの地方自治体による福祉政策は、広範囲な対象者のために関連する社会資源やサービスを用いたコミュニティケア実践、すなわち「コミュニティによるケア」（care by the community：地域ケア）に力点が置かれるようになりました。

（2）バークレイ報告――コミュニティ・ソーシャルワークの登場

　ところが、オイルショックに端を発した1980年代の経済的危機は、当時のサッチャー政権を公共支出の削減、そして小さな政府へと向かわせました。この影響で、財政的な合理性を追求する観点からコミュニティケアも見直され、非営利の民間組織によるサービス供給やコミュニティ活動への住民参加、そして家族・隣人などのインフォーマル・ケアによる援助を重視するようになりました。

　こうして、コミュニティケアに要する費用に政府の関心が強まり、コミュニティを基盤とするケアのパッケージの方が、経費の負担が少ないと判断されました。この結果、人口1万人前後の近隣社会を基盤として、在宅ケアのサービス供給を重点化する施策である**パッチシステム**が、多くの地方自治体で採用されました。

　1982年には、社会サービス担当大臣の後援により全国ソーシャルワーク研究

所に設置されたバークレイ委員会が、『ソーシャルワーカー：役割と任務』（Social Workers – Their Role and Tasks）の報告書を発表しました。これはバークレイ報告とも通称され、シーボーム報告と同等の重要な評価がされました。同報告書の多数派報告において、キー概念となったのはコミュニティ・ソーシャルワークです。

この概念が提唱された背景には、イギリスの地方自治体の社会サービス部などが用いているソーシャルワークが、ケースワーク・グループワーク・コミュニティワークの伝統的な三つの方法を明確に区分している設定に、有用性が失われつつあるという認識がありました。

コミュニティ・ソーシャルワークでは、まず「一般的規則として、また可能な範囲内において、社会的ケアのニーズをもつ家族や個人は、1人のソーシャルワーカーによって担当されるべきである」という原則に立脚すべきとされます。そしてソーシャルワーカーには、社会的ケア計画とカウンセリングとの統合的応答を一人で遂行する役割が期待されます。これは、従来のケースワーク・グループワーク・コミュニティワークの三方法のワーカー間の分業体制を打破し、一人のワーカーが社会的ケア計画とカウンセリングを統合させつつ、コミュニティで生活するクライエントに対処するというモデルを意味しています（Social workers =1984：385-388）。

こうしたコミュニティ・ソーシャルワークには、次の二つに基盤を置く方法があることが示されています（Social workers =1984：291）。

パッチシステム：イギリスでは、行政区域の小地域を「パッチ（patch）」と呼ぶ。そしてパッチシステムとは、1980年代からのイギリスの地方自治体における、小地域での社会福祉サービス供給の新たな方式の模索あるいは試みをいう（濱野・大山1988：2）。それは、シーボーム改革後の体制を中央集権的官僚主義と批判し、分権化と住民参加を強調して、サービス供給の多元化を小地域制で実現しようとしたものであった（田端2003：126-127）。
バークレイ報告：イギリス政府は、1980年にバークレイ（Barclay, P.）に「イングランドとウェールズにおけるソーシャルワーカーの役割と任務に関するあり方」についての再検討を諮問した。バークレイを委員長として、18名の委員によって構成された専門調査委員会は、1982年に同報告書を公刊したが、それは主要部分を構成している多数派報告と、付録A・Bに収められている二つの少数派報告とを合わせた、三つの報告によって成立していた。

① 地域性に基盤を置く方法：小地域チーム・資源センター、あるいは病院で働いたり、一般的実践や学校に関係したりするソーシャルワーカーなどが中心となる。

② 共通関心事に基盤を置く方法：地域レベルでの専門職のチームか、より広範囲な人口を担当する多職種チームが中心となる。

　上記以外にバークレイ報告は、ソーシャルワーカーが社会的ケアのインフォーマルなネットワークの開発やそれとの連携に取り組むことも内容としています。またコミュニティケアの推進では、民間の活力を積極的に開発して、民間セクターやボランティアを有効に活用することを求めました。

(3) グリフィス報告 ── 民営化重視の方向性

　バークレイ報告書以降、イギリスではサービスの供給主体の多元化が進みました。そして1988年には、コミュニティケアの調査と分析、そして課題の摘出をした報告書である『コミュニティケア：行動のための指針』(Community Care : Agenda for Action) が発表されました。**グリフィス報告**と通称される同報告書では、地方自治体の社会サービス当局は、利用可能な資源を活用すべきであることが要旨として提言されました。

　報告の全体を見渡しても、「人々に対するケア・パッケージの供給を整備して、最初にインフォーマルな介護者や近隣の支援を有効に活用できるようにし、続いて在宅サービスやデイサービス、ケースによっては入所施設ケアを提供するようにすべきである」(Community Care =1989：20) といった論調となっています。そこでは、コミュニティケアの主目的は地域ケアであるとし、そのうえで要

グリフィス報告：イギリス政府は、1986年にグリフィス卿（Griffiths, R., Sir）にコミュニティケア政策のあり方についての検討を依頼した。任命されたグリフィス委員会は、一年余りの検討の末に、いかに効果的かつ合理的に公共財源を投入して、コミュニティケア推進の運営を図るかを中心的な論点とした同報告書をまとめた。

援護者のケアに携わる家族・友人・近隣の人々に対する援助の必要性が説かれました。

同報告に基づいて、1990年に国民保健サービスおよびコミュニティケア法（National Health Service and Community Care Act）が成立しました。この法律によるコミュニティケア改革の中心的な課題は、地方自治体の役割をサービス供給主体（provider）から、住民が質の高いサービスを利用できるように条件整備主体（enabler）へと転換する点にありました。さらにこの改革の実施では、サービス供給組織と利用者の間を調整するケアマネジメントが、コミュニティケアのキー概念とされました（田端 2003：186-189）。

これにより1990年代以降、同国のコミュニティケア政策は民営化（privatization）重視の方針が決定的になりました。地方自治体はサービスを確保する責任を負うものの、その供給を直営する義務がなくなり、有効性や費用効率性を考慮して営利・非営利の民間組織のサービスを買い上げる傾向が強まりました。

こうしたコミュニティケア政策におけるサービス提供体制の多元化と市場化が、日本の介護保険の導入や社会福祉基礎構造改革にも影響を与えました。

（4）実践のアプローチの焦点

コミュニティケア政策の進展のなかで、イギリスでは実践のための理論が練成され、コミュニティ・ソーシャルワークの考え方が提示されました。この方法論は、コミュニティでの公的・私的な地域ネットワークと重要なクライエント集団を開発・援助・資源化し、さらに強化することを目的とします。

けれども結果的に、概念としてコミュニティ・ソーシャルワークは、イギリスでは十分に浸透していないともいわれています（所 2005：27-29）。その点に関して、小田兼三（2002：189）も「この用語が編み出されたイギリスにおいてすら、今後のソーシャルワーク像としてこれが妥当なのかどうかという点にかんして、期待と批判が入り混じった複雑な論争の渦中にある。したがって、社会、文化状況などが異なるわが国において、この定着していない用語に一定の評価をなすことについては、慎重でなければならない」という見解を示しています。

このようにイギリスでは、コミュニティ・ソーシャルワークが主流となったわけではなく、現在でもコミュニティにおける援助技術に対して、さまざまな用語の使用を模索しています。たとえば住民を主体としたパートナーシップによるまちづくりについては「コミュニティ・ディベロップメント」と位置づけるのが一般的で、そうした住民の能力開発や協働のための促進を行う者は、コミュニティ・ディベロッパーと呼称されています（中島 2005：57-64）。

繰り返しますが、本書ではコミュニティワークを道具的理論と理解します。その"道具的"が意味するところは、「いかなる状況において、どのアプローチが有用か」にあります。この点に関連してツウェルヴツリース（Twelvetrees=2006：1-2）は、コミュニティワークを「人々が集団的な活動によって自分自身が属するコミュニティを改善しようとするのを援助するプロセス」と定義し、それを実践するうえで次の七つの領域で分類できる各々相対する重要なアプローチ群があると述べています。

① コミュニティ・デベロップメント・アプローチに対する社会計画アプローチ
② セルフヘルプまたはサービス・アプローチに対する影響力行使アプローチ
③ ジェネリック・コミュニティワークに対するスペシャリスト・コミュニティワーク
④ 「プロセス」への関心に対する「成果」への関心
⑤ ワーカーの側面的援助の役割に対する組織化の役割
⑥ 本来のコミュニティワークに対する他の方式の取り組みにおける一つのアプローチや態度としてのコミュニティワーク
⑦ 無給のコミュニティワークに対する有給のコミュニティワーク

このようなアプローチの違いを分析することで、ツウェルヴツリースはコミュニティワークの理解が強化されると論じています。

コミュニティ・ソーシャルワークの理論的な関心事は、ツウェルヴツリースが示した②～⑥にあります。そこでは、個別的な福祉課題を抱えている人に対し、ケアマネジメントをキー概念としながら、ジェネリックな視点をもって他の直接

的な援助技術やこれまでの間接的な援助技術との整合も図り、各種のサービス提供のなかで自立への目標を掲げ、ワーカーが側面的援助を進めることが追究されているのです。

そこでは、何よりも「コミュニティでの課題の個別化＝対象者への個別支援の重視」の論調を確認することができます。

2節　日本でのコミュニティ・ソーシャルワークの重視

（1）コミュニティ・ソーシャルワークが重視される背景

日本においてコミュニティ・ソーシャルワークは、コミュニティケアを課題としてコミュニティ・ソーシャルワーカーが専門性を発揮して要援護者の個別的な福祉ニーズに関わり、そうした福祉ニーズを住民との連携を重視しながら、各種のネットワーク支援によって対応する援助技術として理解されています。

このようなコミュニティ・ソーシャルワークは、未だ実践レベルでの技術が明確に体系化されていないのが定説ですが、社会福祉基礎構造改革から介護保険の導入が検討された1990年代後半以降から重視されてきました。この背景としては、次の二点があげられます。

① 介護保険を推進するうえで、ケアマネジメントが基本の援助技術となった。

② 主任介護支援専門員など介護福祉関係の専門職化が進んでいる。

こうした情勢もあって、現在は介護保険事業を基軸とした地域福祉の時代であるとし、そこでは従来のような伝統的なＣＯから進展した援助方法とは異なる方法論が求められると主張され、コミュニティ・ソーシャルワークが支持されました。

大橋謙策（2008：255）は、コミュニティ・ソーシャルワークを「地域自立生活上サービスを必要としている人に対し、ケアマネジメントによる具体的援助を提供しつつ、その人に必要なソーシャルサポート・ネットワークづくりを行

い、かつその人が抱える生活問題が同じように起きないよう福祉コミュニティづくりとを統合的に展開する、地域を基盤としたソーシャルワーク実践である」と定義しています。

　こういった概念のコミュニティ・ソーシャルワークが重視されるのは、地域社会に居住する要援護者に対しての必要なサービスや援助の価値を積極的に見いだして、さらにインフォーマルな地域資源の有効利用も図ることができるという期待感が込められているからであると思われます。

（2）考察すべき方法論の次元

　しかしながら、それが単純にコミュニティワークからコミュニティ・ソーシャルワークへの移行を意味するものではない点は、注意する必要があります。

　かつて筆者は、次頁の図表4-1のように日本の地域福祉が「ニーズの全体性」と「個の主体性」を各々重視する二つの流れが歴史的に形成され、それが福祉コミュニティの概念に関してもさまざまな定義を生んだ背景となった点を指摘しました。

　介護保険の導入前後、社協活動が在宅福祉サービスの供給を重視する傾向を強め、そこでケアマネジメントを運用の基軸としている状況では、それをキー概念とするコミュニティ・ソーシャルワークを重用するのは、当然の帰結ともいえます[1]。

　けれども、ケアマネジメントを出発点とし、従来のケースワーク・グループワーク・COを統合化した社会福祉方法論に乗せて、社会システムとしての地域ケアを高度化しようとする理論と、地域社会の問題を把握してコミュニティを対象化し、コミュニティワークを実践して、同じく社会システムとしての地域福祉を高度化しようとする理論とでは、それが展開される次元が異なるのも事実です。

　市町村合併による地域社会の変動の影響や都市と地方の格差の問題、そしてインナーシティ化した中心市街地の空洞化や中山間地域での過疎化の問題をみると、あるべきコミュニティを対象化して地域福祉の発展を考えていく方法論

図表4-1　1980年代までの地域福祉の骨格形成

```
―草創期―

公私分離の影響          ―社協発足の契機―          アメリカからのCO論
民生委員の受け皿    → ・国内の福祉団体からの要望 ←  と社協理論の導入
共同募金への協力       ・GHQの勧告「6項目提案」
                              ↓
「昭和の大合併」       組織・財政基盤が脆弱な
による打撃         →  全国一律の社協の組織化     ← ニーズ・資源調整説と
                              ↓                   インターグループ・ワー
                                                  ク説による方向づけ
「山形会議」と        公衆衛生活動への追随
組織化説の影響      →  「市町村社協当面の活動方針」
                              ↓
―確立期―

「個の主体性」重視の流れ                          「ニーズの全体性」重視の流れ
                     『社協基本要項』
                ←    『市町村社協活動強化要項』    →
                              
岡村理論の影響       ―1970年代の地域福祉への要請―    高度経済成長への反省
                    ・オイルショックと福祉政策の転換  「生活の真の豊かさ」
当事者の組織化      ・過疎化社会とコミュニティ政策
活動の展開          ・住民の問題意識の高まり         日本型福祉社会論の影響
                    ・人口の少子高齢化の進行         ボランティア活動の振興
    ↓                                                   ↓
コミュニティケア（在宅ケア）                      コミュニティケア（地域ケア）
(care in the community)                          (care by the community)
              ↓      在宅福祉サービスの供給を       ↑
              →      基軸とする社協活動の転換      ←
```

出典）瓦井（2006：28）を一部改変。

の必要性は、少しも減じていないといえます。

　「ニーズの全体性」重視の地域福祉を背景にして要援護者の個別の問題からコミュニティへとアプローチを広げていくコミュニティ・ソーシャルワークと、「個の主体性」重視の地域福祉を背景にしてコミュニティの状況や問題を見つめながら要援護者が安心して暮らせるようなまちづくりを図るコミュニティワークは、方法論として異なることを意識して用いる技術であるというのが本章の結論となります。

　この点を明確にする目標をもって、本書ではロスマンの方法モデルを基礎としながら、コミュニティワークの理論を実用化させた方法論を述べていきます。

> **4章のまとめ**
>
> ① イギリスのコミュニティケア政策は、三つの報告書を受けて1970年代・1980年代・1990年代とそれぞれにおいて施政方針が変わっていき、そうした政策の方向転換が日本の福祉政策にも影響を与えました。コミュニティワーカーは、このような歴史の転換点があって方法論も変遷したのを知っておく必要があります。
>
> ② コミュニティ・ソーシャルワークは、地域ケアの担当職員に高度な専門性を求めていく技術となります。それと同時に、こうした専門職の所属の内外において、ケア計画と業務の点検を行う定期的なチーム会議を開催する組織体制も必要となります。これらの点を考慮すると、コミュニティ・ソーシャルワークには今後「地域ケア方法論」としての体系化が求められます。

【注】

1）全社協が刊行した『在宅福祉サービスの戦略』(1979)では、「在宅福祉サービス供給体制の組織化の要となるのは、市町村をはじめとする地方自治体および地域社会を基礎に成立している地区社会福祉協議会である」(P172)と述べ、在宅福祉サービスを社協が受託する方向性を打ち出した。その10年後の全社協・地域福祉特別委員会の報告書『在宅福祉サービスと社会福祉協議会』(1989)でも、「全ての市区町村社会福祉協議会が、住民主体の在宅福祉活動強化に取り組み、在宅福祉サービスの基盤形成をはかる」(P8)と位置づけている。

5章 コミュニティワークの展開過程を知る

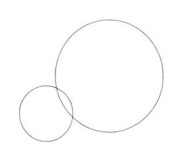

〈方法の概要〉

5章では、コミュニティワークの教科書的な一連の展開過程を把握します。そこでは、地域社会での問題解決のために、コミュニティワークが「公私の協働」と「住民や当事者の参加」を基本として進められる点を押さえます。

さらにコミュニティワークの展開では、それぞれの段階で組織化活動や社会資源の動員・開発などの技法を重視しながら、問題解決を図っていくことを理解します。

◆

Key Words：問題の把握、計画の策定、計画の実施、記録と評価

1節　問題の把握

　道具的理論と規定したコミュニティワークは、計画立案や運営管理の技法も合わせもつ包括的な援助技術として、地域の福祉問題を解決することを目的にします。そしてコミュニティワークは、地域社会の環境改善も課題とするために、その展開における主体は民間の組織や団体だけに限定されるものではなく、行政などの公的機関との連携や協働が重視され、さらに当事者を含む住民参加の促進が要件となります。

　こうしたコミュニティワークを「より使いやすい道具」とするために、本章では教科書的なコミュニティワークの展開過程を説明し、Ⅱ部でその理論を発展的に実践する際の基礎とします。

（1）問題の発見

　基本としてコミュニティワークの技術は、①問題の把握、②計画の策定、③計画の実施、④記録と評価、の過程で展開し、それぞれにおいて組織化活動や社会資源の動員・開発などの技法を重視します。最初の問題の把握では、「問題の発見」と「地域の診断」の段階を含みます。

　コミュニティワークは、地域社会を歴史的・文化的・社会的に固有の要素をもつ対象として理解し、問題を個別化して把握することから始動します。このために、地域構造と特性（人口動態、自治会などの住民組織、社会資源、産業構造）の他に、地域の歴史や住民の意識に関する既存資料や調査報告書などの情報を集めて、地域社会の全体像を明らかにする事前準備が求められます。

　次は、住民のニーズを通して地域社会の「問題の発見」をする段階へと移ります。そこでも既存資料の参照が手始めとなりますが、アンケート方式による社会調査が有効な場合もあります。そうした調査票の質問項目を考える際も、当事者を含む住民にヒアリングをしたり、あるいは共に考えたりする手順が求められます。また対象や問題を限定して地域踏査を行ったり、住民懇談会のよう

な参加方式を用いてニーズを把握し、後の問題解決への動機づけにつなげたりするのも有効です。

いずれにしても、この段階では生活環境などの地域住民に共通する問題と、高齢者や障害児者などの当事者ごとの問題を二面的にとらえる視点が必要となります。

（2）地域の診断

問題が発見されると、その解決に向けての要件を検討する「地域の診断」の段階へと移ります。この対象は、行政（施策）・福祉施設・諸団体・ボランティアグループを含めた住民や組織であり、そこでは次の三つが要点になります。

① 問題意識の程度
② 問題の発生原因
③ ニーズと社会資源との関係

まず①は、問題に対する住民の関心や解決への要求度の把握となり、それは問題を取り上げる順序を確定する判断材料になります。次の②の追求は、予防および解決策を考える要件となります。最後の③は、ニーズに対する社会資源の有無やその利用状況の把握となり、問題解決の見通しを計るうえで欠かせない検討作業となります。

こうして地域の診断をすることにより、問題解決の優先順位や手順が確定し、次の「計画の策定」「計画の実施」へとつながって地域福祉実践の統合化が図られます。この地域の診断を円滑に行うためには、最初の問題の発見の段階で必要となる判断材料などを予想し、その十分な準備を図ることが求められます。

2節　計画の策定

コミュニティワークとしての計画の策定は、住民や関係者が複合的・総合的・関係的に把握されたニーズを自らの問題と自覚して、それに対する計画的な取

り組みをつくり出す過程が相当します。そこでは問題解決のための目標や方法を明らかにし、具体的な解決に向けて「組織化」のアプローチを組み込むことが要点となります。

計画の策定では、当事者を含む住民の参加がすべての段階で重視されます。この点で専門家であるプランナーが中心となって策定する行政計画とは一線を画しますが、それは行政機関や専門家との協働を否定するものではなく、状況に応じてそうした関係をもつことは積極的に考慮されます。

（1）構想計画・課題計画・実施計画

社会福祉の計画は、理論的には構想計画・課題計画・実施計画の三層構成で策定されます（髙田 1979：174）。最初の構想計画は基本構想とも言い換えられるもので、問題の明確化に基づいて「何のために、何を行うのか」の先見性をもった目的や方針を設定する内容を表します。これ以降、本書では基本構想と呼称していきます。

これまで地域福祉計画の策定をめぐる動向では、対象とする要援護者のニーズに計画が立脚し、コミュニティの活性化も視野に入れて、次のようなテーマを基本構想に掲げる事例が多くありました。

① 社会資源の動員や開発
② 機能的コミュニティの向上
③ ニーズと社会資源の適合
④ 住民参加の活性化

こうしたテーマの追求は、効率性重視の計画推進といえます。けれども、これからの地域福祉計画では、ソーシャルワーク・アドボカシー（補論Ｉを参照）の実践をいかに定着させるかが問われています。そのためには、次のようなテーマも構想計画に掲げることが大切になります。

① 共生社会への**内発的発展**
② コミュニティの主体性の深化
③ 権利擁護活動に対する協調

④　住民参加から協働への進展

①にある内発的発展は、問題に直面した人々が自ら主体的にその問題の解決に取り組むという意味に解釈される概念です。地方自治体や地域社会でも公私の社会資源が相互に関係をもって有機的に結びつき、内発的発展へと向かう能力を高めていくことが求められています。

以上のテーマの追求は、有効性重視の計画推進をめざすものといえます。今後の地域福祉計画の策定では、次頁の図表5-1のように効率性と有効性を重視する目標を並立させて計画を構成し、多元的な実践を進めることが重要になってきます。

次の課題計画では、地域福祉を進めるうえでの具体的な課題を設定します。そこでは、次のような課題が検討されます。

①　地域の生活問題などに対して、住民や関係者の意識を高める。
②　生活問題の解決にあたる実践（コミュニティワーク）の力量を高める。
③　上記の実践を効率的かつ有効的に推進するために、必要な組織化を当事者の側でも実践者の側でも図っていく。
④　実践が進むにつれて予防的な対処なども図られるように、福祉に限定されない公私の連携や協働を推進する。

上記の課題は、それぞれ「問題に対する意識の力」「解決にあたる対処の力」「組織の統合と実行の力」「公私の連携と協働の力」を高めるものと要約できます。最近において地域の福祉力と呼ばれる対象は、こうした力量の総合を意味していると思われます。このような力量の向上が、課題計画のテーマとして掲げられます。

最後の実施計画は、課題解決の優先順位が確定した後、そのために必要な施

内発的発展：鶴見和子は、内発的発展を「目標において人類共通であり、目標達成への経路と、その目標を実現するであろう社会のモデルについては、多様性に富む社会変化の過程である。共通目標とは、地球上すべての人々および集団が、衣・食・住・医療の基本的必要を充足し、それぞれの個人の人間としての可能性を十分に発現できる条件を創り出すことである。それは、現在の国内および国際間の格差を生み出す構造を、人々が協力して変革することを意味する」と述べている（鶴見・川田1989：49）。

図表5-1　地域福祉計画の構成

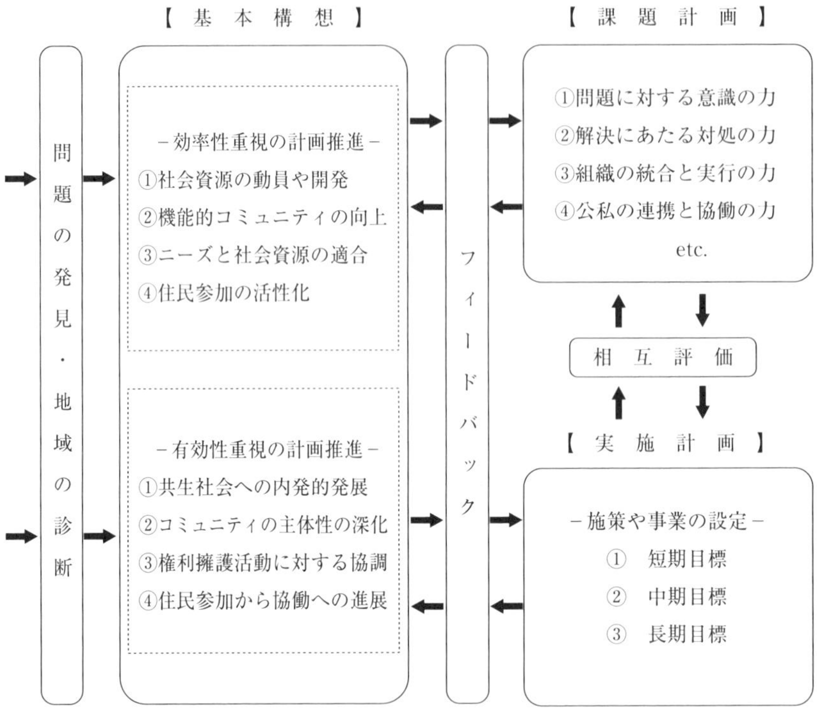

```
　　　　　　　　【 基 本 構 想 】　　　　　　　　　　【 課 題 計 画 】

　　　　　　　┌─────────────────┐　　　　┌─────────────────┐
　　　　　　　│　－効率性重視の計画推進－　│　　　　│①問題に対する意識の力　│
問　　　　　　│　①社会資源の動員や開発　　│　　　　│②解決にあたる対処の力　│
題　　　　　　│　②機能的コミュニティの向上│　　　　│③組織の統合と実行の力　│
の　　　　　　│　③ニーズと社会資源の適合　│　フ　　│④公私の連携と協働の力　│
発　　　　　　│　④住民参加の活性化　　　　│　ィ　　│　　　　　etc.　　　　　│
見　　　　　　└─────────────────┘　ー　　└─────────────────┘
・　　　　　　　　　　　　　　　　　　　　　　ド　　　　　　　　↑↓
地　　　　　　　　　　　　　　　　　　　　　　バ　　　　　┌─────┐
域　　　　　　　　　　　　　　　　　　　　　　ッ　　　　　│相 互 評 価│
の　　　　　　　　　　　　　　　　　　　　　　ク　　　　　└─────┘
診　　　　　　┌─────────────────┐　　　　　　　　↑↓
断　　　　　　│　－有効性重視の計画推進－　│　　　　【 実 施 計 画 】
　　　　　　　│　①共生社会への内発的発展　│　　　　┌─────────────────┐
　　　　　　　│　②コミュニティの主体性の深化│　　　│　－施策や事業の設定－　│
　　　　　　　│　③権利擁護活動に対する協調│　　　　│　　①　短期目標　　　　│
　　　　　　　│　④住民参加から協働への進展│　　　　│　　②　中期目標　　　　│
　　　　　　　└─────────────────┘　　　　│　　③　長期目標　　　　│
　　　　　　　　　　　　　　　　　　　　　　　　　　└─────────────────┘
```

策や事業を設定する計画です。そこでは、①短期および中長期的な達成目標、②そのための方策、③社会資源の動員の要否の検討、などが盛り込まれます。

（2）広報

　広報は、計画の策定から実施に至る過程を補助する活動です。その目的は、地域社会の問題状況とコミュニティワークの必要性を住民に知らせて情報の共有化を図り、問題解決のための参加の動機づけや啓発を促すことにあります。

　パーソナル・コンピューターなどの多様な情報媒体が活用されている広報ですが、一方通行なマスコミによるものだけではなく、双方向的に受け手の反応が把握でき、コミュニケーションが図られる住民懇談会や研修会といった参加形

式によるものも依然として有効です。

3節　計画の実施

（1）地域組織化

　策定した計画を実施するにあたって、コミュニティワークを実践する組織は、ＣＯの古典的理論である「ニーズ・資源調整説」「インターグループ・ワーク説」「統合化説」に基づきながら、社会資源の調整・結合・再構成を図る組織化活動を検討します。

　こうした組織化活動は、全社協が『在宅福祉サービスの組織化の手引』（1980）で規定した次の二つの取り組みが、教科書的な内容となっています。

① 住民のニーズ・福祉課題の明確化と住民活動の推進を図る「地域組織化」
② 社会資源の開発および公私の関係機関・施設・団体などの組織化・連絡調整を図る「福祉組織化」

　混乱を生じさせやすい地域組織化と福祉組織化の考え方ですが、前者の地域組織化は住民の福祉への参加や協力、さらに意識や態度の変容を図りつつ、福祉コミュニティの形成を目標とする概念となります[1]。たとえば、地域社会で問題を抱える者が主体的に解決できるように、次のような組織化活動を進めるものです。

① 高齢者や障害者およびその家族などの当事者の組織化
② 地区や校区の社協などの基盤組織の構築や市民ＮＰＯの育成
③ 一般の住民に対するボランティア活動の啓発や促進

　このような地域組織化の活動により、当事者の個々の孤立を防ぎ、地域福祉の施策や事業への住民参加を促進したり、あるいは住民が抱える福祉問題・福祉ニーズを早期に発見したりするなどの予防的な役割を果たすことも可能となります。

(2) 福祉組織化

　もう一方の福祉組織化は、福祉サービスの組織化と調整、さらに福祉サービスの供給体制の整備や効果的な運営を目標とする概念になります。端的にいえば、地域の社会資源の動員および開発を目標とする組織化活動です。

　1章で地域の社会資源には、各種の施設・サービス・相談機能・制度的資源、そして当事者を援助するボランティア団体などの地域組織の資源や家族・近隣関係などのインフォーマルな資源まで含むことを述べました。これらの社会資源を効率的に活用するための関係機関・団体間の連絡調整や、そのためのシステムを構築することが福祉組織化の実践となります。こうした連絡調整は、ネットワーキングやケアマネジメントの技法とも共通性をもちます。

　今後の地域福祉の展開では、地域社会の固有の福祉課題をとらえながら、いかに二つの組織化活動を関連づけて進めるかが問われます。そのために、地域全体に組織化活動を拡充させることを目標にし、住民に対して組織がいつも開かれているように留意する必要があります。また組織内の構成員間の平等性が保たれ、担当する役割には適任者が配置されるように、民主的な手続きを確立しておくことも大切です。

(3) ソーシャル・アクション――住民集会

　社会資源の開発などによって住民間に利害の対立が起きた場合、組織化活動による問題解決も困難な事態に至ることがあります。その対立によって不利益を被る特定の住民を放置してはならないため、ソーシャル・アクションによって解決するアプローチを行う場合があります。

　こうした技法の一つに住民集会があり、それは住民個々の主体性と自由意志を尊重し、各々のニーズや考えを十分に反映した自由な討議によって結論を導くことを目的とします。その実施では事前に目的を参加者に伝え、当日は住民の利害の衝突の危険を回避するためにも、客観的に分析された地域社会の現状や問題に関する、わかりやすい資料を準備しておくことが大切です。

　住民集会の進行では、主催者側が一定の結論を誘導したり、討議を管理して

参加者の意志決定を妨げたり、特定の組織の意志が過度に反映されたりするような操作をすることは避けます。また参加者個々の発言は、確実に記録して事後の対策などに活用できるように整理をしておきます。さらに集会後、公的な対策や対応を求めて議会や議員などに請願の行動をする展開も技法としてあります。

4節　記録と評価

（1）記録

　コミュニティワークの記録は、ＰＤＣＡサイクルを動かすうえでも重要な要素となります。具体的に記録は、各種の決定事項の再確認や報告、活動の振り返りや点検、さらに活動の分析や再評価などに活用されます。

　こうした記録は単なる業務管理の視点だけでもって、過程や成果の叙述（プロセス・レコード）に終始するのは物足りないといえます。それに加えて、地域社会の人間関係の変化や集団活動の充実といったコミュニティワークの影響の様子を事例として把握し、地域福祉の実践の質を高めた活動の記録（ナラティブ・レコード）を残すことが望ましいものとなります。

（2）評価

　このような記録を用いて、コミュニティワークの最終段階である評価が行われます。組織化活動の面と運営面から評価は、次の三つが要点となります。
　①　目標の達成度

ＰＤＣＡサイクル：シューハート（Shewhart, W. A.）とデミング（Deming, W. E.）によって提唱された、工業などの事業活動で生産管理などの業務を計画通りに進めるための管理サイクル・モデルである。それは、Plan（計画）⇒ Do（実施・実行）⇒ Check（点検・評価）⇒ Act（処置・改善）の四段階を順次行って一周すれば、最後のActを次のPDCAサイクルにつなげて、周回ごとにサイクルを向上させて継続的な業務改善を図っていく考え方となる。

② 地域の診断や計画の実施の妥当性
③ 今後の課題

　計画の実施が一定の段階に達したときだけでなく、計画の策定中の段階でも評価は行われます。これを事前評価といいます。事前評価では、計画の修正や再調整を行う「フィードバック」もコミュニティワークにとって重要な要素としてあります。フィードバックは、課題計画や実施計画を策定中や策定後において、構想計画との整合性を確認して各計画を修正したり、あるいは実施計画の事業の展開中に、課題計画との相互評価をしたりすることが中心になります（図表5-1を参照）。

　最終段階では、記録に基づいて一定の事業の成果を評価する事後評価が行われます。以下で説明するように、事後評価には目標の達成度、事前評価や計画実施の妥当性、今後の課題などを要点とするタスク・ゴールの指標と、計画の展開での住民の主体形成の度合いや関係した機関・組織の活動への前向きさを評価するプロセス・ゴールの指標があります。

1）タスク・ゴール（課題目標の達成）

　タスク・ゴールとは、社会資源の開発・整備などの具体的な課題の解決度や財政効果の程度、また住民がどの程度ニーズに充足したかを量的および質的に評価する指標である。さらにどういった機関・団体が、どの程度の貢献をしたかの評価も行う。

2）プロセス・ゴール（過程目標の達成）

　プロセス・ゴールとは、計画の策定から実施への過程での住民の主体形成の度合い、関係した機関・組織の活動への前向きさなどを評価する指標である。たとえば、次のようなものが評価の要点になる。
① 活動への住民の関心度や参加度および連帯感の程度
② 機関・組織間の連携や協働態勢の水準
③ 地域社会の問題解決能力の向上の度合い

5章 コミュニティワークの展開過程を知る　61

図表5-2　コミュニティワーク実践の展開過程

```
                          公 私 協 働
┌─────────────────────────────────────────────────────────┐
│                                                         │
│   Ⅰ          Ⅱ          Ⅲ          Ⅳ                   │
│ 問題の把握  計画の策定  計画の実施  記録と評価            │
│   →         →          →                               │
│                                                         │
│ Ⅰ-A       Ⅱ-A        Ⅲ-A        Ⅳ-A                  │
│【問題の発見】【基本構想】【地域組織化】【記録】            │
│①問題の個別化 ①基本的な方針の確定 ①当事者の組織化         │
│②ニーズの把握 ②問題解決の目的の設定 ②活動の基盤組織の構築  │
│                      校区・地区社協・    Ⅳ-B            │
│ Ⅰ-B       Ⅱ-B        市民NPO活動の育成【タスク・ゴールの評価】│
│【地域の診断】【課題計画】 ③ボランティア活動の促進 ①課題の解決度│
│①問題解決の順位 ①問題に対する意識の力              ②財政効果の程度│
│と手順の確定 ②解決にあたる対処の力  Ⅲ-B          ③住民のニーズの充足度│
│           ③組織の統合と実行の力【福祉組織化】              │
│           ④公私の連携と協働の力 ①社会資源の動員・開発  Ⅳ-C  │
│                      サービス供給体制の整備【プロセス・ゴールの評価】│
│           Ⅱ-C        福祉サービスの組織化 ①住民の主体形成の度合い│
│          【実施計画】 ②社会資源の活用      ②機関・組織の活動の前向きさ│
│           ①短期目標  資源間の連絡調整                    │
│           ②中期目標  ネットワーキング、ケアマネジメント Ⅳ-D │
│           ③長期目標               【リレーションシップ・ゴールの評価】│
│           の設定    Ⅲ-C           ①住民の権利意識の定着や実行│
│                   【ソーシャル・アクション】の度合い        │
│                    ①住民集会の開催  ②自治体の構造変革や民主化の│
│                    ②議会などへの請願  程度               │
│                                                         │
│          広 報 活 動 の 展 開                             │
│                                                         │
└─────────────────────────────────────────────────────────┘
                          住 民 参 加
```

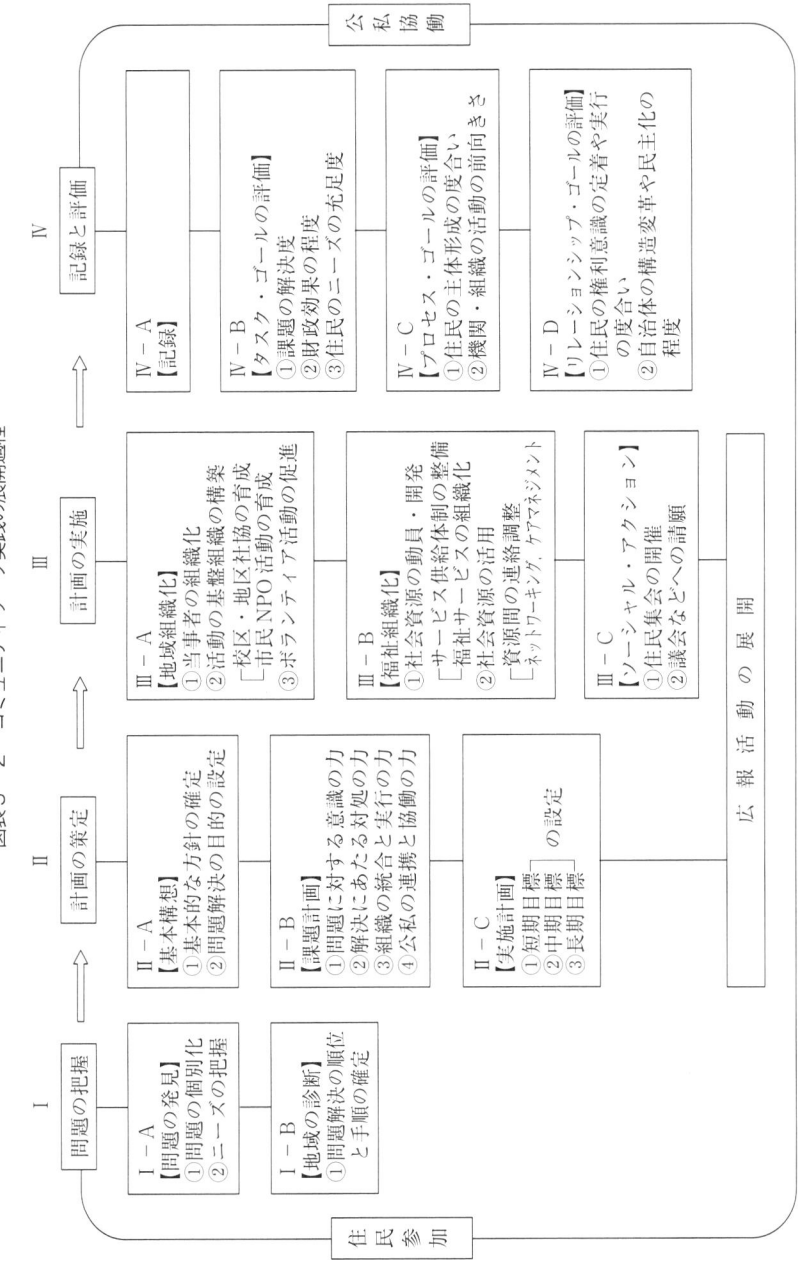

このプロセス・ゴールでは、住民の権利意識や草の根民主主義の定着や実行の度合い、自治体の構造変革や民主化の程度といった、住民の連帯感や関係性に対する評価をリレーションシップ・ゴール（Relationship Goal）として別の評価指標とする場合もあります。

以上の過程を経て、コミュニティワークは終結します。その一連の援助過程は、図表5-2のように整理されます。

このように展開するコミュニティワークは、住民の主体性の尊重と問題の個別化、そして社会資源の最大活用と人間関係の組織化を要点とします。そうした理解をもって、住民が意思決定をして問題解決を図るのを側面援助することが、コミュニティワーカーの主要な役割となります。

5章のまとめ

① コミュニティワーク実践の展開過程は、ケースワークやグループワークなどの直接援助技術と大きく変わるものとはなりません。ただし、コミュニティの改善を主目的とするために、対象とする社会資源は個人単位になることはありません。

② こうした教科書的な実践の展開過程だけで、すべての地域の福祉問題が解決できるとは限らない点に注意します。教科書的な展開過程をコミュニティワーカーは十分に理解したうえで、次に問題解決ができない場合の対応を考えておく準備が重要となります。

③ ソーシャル・アクションは、単に住民集会の技法だけでなく、ロスマンの方法モデルの混合アプローチも考慮しながら、その実践の幅を拡げていくことが大切です。そうした考え方については、15章で再論します。

【注】
1）岡村重夫が概念化した福祉コミュニティについては、6章1節（4）と11章1節（1）に解説した。

補論Ⅰ：ソーシャルワーク・アドボカシー

（1）定義

　辞書的に「弁護」「支持」「擁護」などと訳されるアドボカシーは、1968年にNASW（全米ソーシャルワーカー協会）が、これを定義するために「アドボカシーに関する特別委員会」を設置し、翌年に同委員会が報告書『弁護者としてのソーシャルワーカー：社会的犠牲者への擁護者』を発表して以降、ソーシャルワークの技術としてソーシャルワーク・アドボカシーは確立しています。

　このソーシャルワーク・アドボカシーについて、ミケルソン（Mickelson 1995：95）は「社会正義を保障または獲得する目的をもって、一人またはそれ以上の個人やグループ、そしてコミュニティのために、一連の行動（action）を直接的に代表したり、防御したり、介入したり、支援したり、または推奨する行為（act）である」と定義しています。また、イーゼル（Ezell 2001：25-26）は「特定に存在しているもしくは提案された政策や実践を、あるクライエントやクライエント・グループのために（または共に）変革する、そうした目的にかなった努力からなるもの」と、ソーシャルワーク・アドボカシーを定義しています。

（2）枠組

　こうしたソーシャルワーク・アドボカシーは対象が広範囲に及ぶので、その理論の研究では、主としてアメリカで次のような分類の枠組が示されています。

　1）ケース・アドボカシーとクラス・アドボカシー

　最も基本的な分類として、ミクロの範疇のケース・アドボカシー（Case Advocacy）とマクロの範疇のクラス・アドボカシー（Class Advocacy）がある。これについてミケルソン（1995：95-97）は、ケース・アドボカシーがクライエントと環境の相互作用への働きかけに関係し、クラス・アドボカシーが社

会政策を通しての環境を変革する介入に関係すると論じている。

2）内部アドボカシーと外部アドボカシー

ケースとクラスのアドボカシーに加えて、イーゼル（2001：25-26.）は内部アドボカシー（Internal Advocacy）と外部アドボカシー（External Advocacy）に分類をしている。

内部アドボカシーは、機関の政策や実践の変革を目的として、その機関の雇用者が行うものである。それに対して外部アドボカシーは、別の機関などに雇用されているアドボケイト（advocate：権利擁護者）が、ある機関の変革を求める働きを意味している。ただし、アドボケイトがいる機関と変革の対象の機関が連携していれば、これは内部アドボカシーとなる。

以上のようなケース・アドボカシーとクラス・アドボカシー、そして内部アドボカシーと外部アドボカシーなどを縦横に展開させることが、ソーシャルワークにおいて今日的な課題となっています。そのためには、次に述べる実践の戦略を考えることが重要になります。

（3）実践の戦略

ソーシャルワーク・アドボカシー実践の戦略を考えるうえでは、シュナイダー（Schneider, R. L.）とレスター（Lester, L.）が、普遍的に鍵となるアドボカシー実践を次の11次元（dimension）に細分化しているのが参考となります（Schneider and Lester 2001：59-64）。

① 代わって申し立てたり、話したりする（Pleading or speaking on behalf of）
② 他の人を代表する（Representing another）
③ 行動を起こす（Taking action）
④ 変革を促進する（Promoting change）
⑤ 権利や利益を得る（Accessing rights and benefits）

⑥　味方として助ける（Serving as a partisan）
⑦　影響力と政治的な技術を示す（Demonstrating influence and political skills）
⑧　社会的な正義を確保する（Securing social justice）
⑨　クライエントを力づける（Empowering clients）
⑩　クライエントと同一化する（Identifying with the client）
⑪　法的な基礎を用いる（Using a legal basis）

こうした11次元の実践をふまえ、シュナイダーとレスター（2001：65）は、ソーシャルワーク・アドボカシーを「不公平または無反応な制度における意思決定に対して組織的に影響を与えるのを試みることで、クライアントやフォーラムでの問題状況に独占的にかつ相互に代弁すること」と定義しています。

このようにソーシャルワーク・アドボカシーは、ワーカーがクライエントと機関を仲介して弁護する機能から、クライエントの側に立って制度を変革する弁護の機能へと、マクロ的なアプローチまで広げている点が確認できます。

（4）地域福祉としての課題

ソーシャルワーク・アドボカシーに関しては、ソーシャル・アクションの重要な要素の大半を具体化するものと主張する論者もいます（Schneider and Lester 2001：71-72）。この技術を地域福祉に位置づけることは、アドボカシーが権利擁護という意味にとどまらず、要援護者の生活支援まで視野に入れることを意味します。そのために、ソーシャルワーク・アドボカシーを進めるうえでは、その過程でネットワーク的な対応を図ることが重要です。たとえば社会福祉士にも、社会福祉のさまざまな運営主体のコンプライアンス（compliance：法令順守の管理体制）を注視させて、状況によってはその運営主体がコンサルテーションを受け入れるように、関係機関や専門職との連携を図ることが求められます。

また介護保険の導入時には、認知症高齢者のような意思決定が困難な人々が、サービス利用者となることへの課題が浮上しました。当初、創設された地域福

祉権利擁護事業（現、日常生活自立支援事業）では、ソーシャルワーク・アドボカシーの十分な理論の解釈よりも、権利擁護の制度システムの整備に関する議論が先行しました。それに対しては極めて限定的な「権利擁護」であり、必ずしもソーシャルワークを土台として論議されていないとの批判も受けました。

ようやく最近になって、自治体レベルで市民後見人が養成されるようになり、ソーシャルワーク・アドボカシーの実践に向けた社会基盤が整いつつあります。この市民後見人とは、成年後見制度における財産管理と身上監護について基礎的な知識を習得したボランティアの後見人を意味します。現在のところ、複数のメンバーによる市民後見NPOが、法人後見人として活動する展開が想定されています。

こうした市民後見人による活動を進めるうえでも、ネットワーク的な対応が不可欠になります。そこでは、関係機関や専門職と連携したアドボカシー実践を図る「市民後見センター」の拠点を構築することが重要です。このような拠点においては、制度に基づいた被後見人の身上監護にとどまらず、制度の狭間から落ちた人への支援や悪徳商法の撃退などの「福祉後見」の実践にも展開する戦略が求められます。

成年後見制度：認知症の高齢者や知的障害・精神障害などにより意思能力・判断能力が不十分となった者が、財産管理や身上監護、遺産分割などに関係する契約締結の法律行為をする際に、そうした意志決定が困難な者の能力を補って損害を受けないようにして諸権利を守るとともに、社会的に支援する体制づくりをめざす民法の制度である。2000（平成12）年4月に施行された同制度では、財産を管理するだけではなく身上監護への配慮義務を規定した点が重要となっている。

# II部　コミュニティワークの実践理論

6章 問題を発見してコミュニティを対象化する

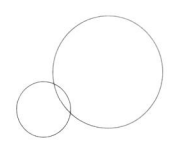

〈方法の概要〉

6章では、まずコミュニティワークとして発見すべき問題とは何かを探ります。そのうえで、今世紀に入って市町村合併が広く進行し、基礎自治体は広域化して、多様なコミュニティを含むようになった状況を把握します。

こうした情勢を受けて、問題に応じてコミュニティを対象化してとらえ、コミュニティワークの実践を行う必要性を理解します。そこでは、つねにコミュニティワーカーが、理想となるコミュニティである福祉コミュニティを追求することが基本となります。

◆

Key Words：インナーシティ、ベッドタウン、中山間地域、コミュニティの対象化、アウトリーチ

1節　問題の発見と市町村合併の影響

（1）問題とは何か

Ⅱ部からは、コミュニティワークの実践理論として実用的な問題解決の技法を取り上げます。前章では、教科書的なコミュニティワークの展開過程を説明し、それは問題の発見から始まると述べました。本節では「問題」という言葉を見つめて、現実のコミュニティが抱える問題の特性をとらえ、それに対応するためのコミュニティワーカーに必要な知識や技術を考えます。

堀井秀之（2004：21）は、問題を「望ましい状態と現在の状態のギャップである」と定義し、次のように論じています。

> 望ましい状態を「目標」と呼ぶのであれば、問題解決と目標達成は同じことである。そして、因果関係は、「目標」を達成するための「手段」を探し出すための知識として利用される。因果関係に関する知識が正確であればあるほど、豊富であればあるほど、「目標」に対するより適切な「手段」の発見につながることになる。すなわち、問題解決へ至る可能性が高まっていく。

同氏の指摘に従えば、問題を発見するには目標となる「望ましい状態」を想定し、現在の状態とのギャップを認識することから始まります。

コミュニティワークを進めるうえでの「望ましい状態」は、理想となるコミュニティの想定です。理想のコミュニティを設定しないコミュニティワークはありえませんし、コミュニティの理想を描けないコミュニティワーカーは、地域の問題をうまく認識しえないことになります。

ミードとブラウン（Mead and Brown ＝1970：18）は、現代アメリカのコミュニティの基礎原理が「自己規制、それぞれが他に奉仕する市民個々人とコミュニティとの相互関係、全体の幸福に関する共通の関心」であると述べています。こうした原理を用いて、アメリカではコミュニティの問題を発見し、解決してきたとされています。

日本では、天野正子（1996：186, 234）が、1980年に入って生活クラブにお

いて「生活者」の概念が認識されてきたこと、さらにそうした生活者の意識によって、個々の組合員が「私」を超えて創る「共」的領域としての「地域」に関わるようになってきた事例を紹介しています。

（2）日本の社会の現状

一般的に地域社会や地域共同体などと訳されるコミュニティは、英英辞典では「いっしょに住み、そして関心や宗教や国民感情などを分かちあって、結びついた人々のグループ」と説明されています。言い換えると、コミュニティは人々が居住する実在空間であるとともに、これらの人々の思いなどが込められた意味空間としてあります。前述した問題を発見するために、目標となる「望ましい状態」のコミュニティを想定するには、この実在空間と意味空間の両側面から理想のコミュニティを対象化する必要があります。

次節で述べますが、コミュニティの対象化は社会学で研究されてきました。そこで得られた知見はコミュニティワークでも参考にしますが、すべてを参照することはできません。「地域福祉では、いかなるコミュニティを対象とすべきか」という問いは、古くもあり新しくもある問題としてあります。

コミュニティを対象化するうえで、2006（平成18）年を転機として日本の社会全体が、次のような状況になったのを前提として認識します。

図表6-1　人口減少社会となった日本

① 調査開始（昭和43年～）以来、全国の人口が初めて減少した。
　　1億2,705万8,530人 ⇒ 1億2,705万5,025人、対前年度 △3,505人。
② 調査開始（昭和54年度～）以来、自然増加数（出生数－死亡者数）が初めてマイナス（△6,748人）を記録した。
　　調査開始以来、出生者数は最低の数となった（110万4,062人 ⇒ 106万5,533人、対前年度 △38,529人）。それに対して死亡者数は、調査開始以来、最高の数となった（105万1,082人 ⇒ 107万2,281人、対前年度 △21,199人）。
③ 調査開始（平成6年～）以来、老年人口比率が初めて20％を突破した。

出典）総務省自治行政局市町村課『住民台帳に基づく人口・人口動態及び世帯数』2006年。

このデータの公表により、日本は人口減少社会となったのが明らかになりました。都市部とその近郊で高齢化が進行し、地方では人口減少が加速するのを見つめながら、今後はコミュニティワークを実践することが求められます。また、一人暮らしの高齢者の割合は地方より都市部の方が高く、孤独死も社会問題化しています。

以上のような少子高齢化に加えて、次に述べる市町村合併により、地域社会の基盤自体が変動した影響も考慮しなければなりません。

（3）平成の大合併の影響

1999（平成11）年からの**平成の大合併**は2009（同21）年3月末で終了し、この間に全国で3232あった市町村が1730まで減少しました。都道府県によって市町村数の減少率は格差があり、東京都と大阪府が1つしか減らしていないのに対し、広島県が7割以上も減少させたのを筆頭に、20の県が市町村数を半数以下に減らしました。

平成の大合併とは、2005（同17）年3月に失効した「市町村の合併の特例に関する法律」（旧・合併特例法）に基づいて行われた市町村の再編を意味します。この合併を国は、次の企図をもって推進しました。

① 地方分権に対応して、基礎自治体の財政力を強化できる。
② 車社会の進展に伴う、生活圏の広域化に対応できる。
③ 政令指定都市や中核市・特例市になれば、さまざまな権限が移譲される。

2000（同12）年4月に、これまでの中央集権型行政システムを転換し、21世紀にふさわしい国・地方を通じる行政の基本システムの構築をめざした「地方分権の推進を図るための関係法律の整備等に関する法律」（地方分権一括法）が

平成の大合併：明治の大合併（第一次合併期）では、1888（明治21）年末の町村数71,314から翌年末には15,820となり、約5分の1に減少した。そして昭和の大合併（第二次合併期）は、1953（昭和28）年の町村合併促進法施行から、1956（昭和31）年の新市町村建設計画促進法施行、そして1965（昭和40）年の合併特例法施行に至るまでの時期が該当する。そこでは、1953年10月に9,868あった市町村数が3,472になって約3分の1に減少し、コミュニティの活動基盤が壊滅的な打撃を受けたといわれている。

施行され、この方針に従って国から地方への権限移譲を進めるために、基礎自治体の規模を拡大することを国は大義名分としたのです。

こうした地方分権の目的のほかに、国が地方交付税交付金を抑制する方針を打ち出したため、多くの地方自治体で財政が逼迫していました。さらに国は、合併する市町村を合併特例債で優遇する一方、合併しない市町村に対する財政支援や権限の制限を設けました。このような政策があって、財政基盤の強化も目的として基礎自治体の多くが合併を進めました。

それは結果的に、元の道県に占める割合が大きく拡張した地方都市を出現させました。図表6-2は、平成の大合併が終了した現在の面積の広い上位10の自治体を示したものです。このなかで福島県いわき市以外は、すべて平成の大合併によって広域化した自治体となっています[1]。

このように基礎自治体が合併による広域化の影響を受けるなかで、地域福祉の将来像を模索しなければならない現況を認識する必要があります。

広域化した自治体のなかでも地方中心都市の多くは、空洞化が進行して再開発を手がける主要な駅前の**インナーシティ**化した地域、その周辺のベッドタウン化している地域、それに広大な**中山間地域**が加わったという三相のコミュニ

図表6-2 広域な市の面積と人口、元の道県に占める割合

	市町村名	面積 (km²)	人口 (人)	割合 (%)
1	高山市（岐阜）	2,178	94,055	20.5
2	浜松市（静岡）	1,511	820,448	19.4
3	日光市（栃木）	1,450	91,953	22.6
4	北見市（北海道）	1,428	125,582	1.8
5	静岡市（静岡）	1,389	726,123	17.8
6	釧路市（北海道）	1,363	185,347	1.7
7	鶴岡市（山形）	1,311	138,488	14.0
8	庄原市（広島）	1,247	40,831	14.7
9	富山市（富山）	1,242	417,699	29.2
10	いわき市（福島）	1,231	342,838	8.9

注）各市のウェブサイトから、2010年8月現在の人口のデータを取得した。

ティをより明瞭にしています。こうした今日の基礎自治体の抱えるコミュニティの問題は、次のように集約することができます。

① 総面積から林野面積と主要湖沼面積を差し引いた「可住地面積」が比較的狭い大都市では、高度経済成長期に数多く建設された公営住宅を中心に高齢化が加速しており、孤独死などの問題解決が急務となっている。

② 県庁所在地などの地方中心都市では面積が広域化し、三相のコミュニティが複合化して抱える生活問題や福祉問題も多様化している。そうした都市のなかには、都市全体として一体感を追求するのを断念し、歩いて行ける範囲を生活圏ととらえて、都市機能を中心市街地に集約する「コンパクトシティ」を都市政策として取り入れた自治体も出ている[2]。

③ 過疎地域を抱えた地方自治体では、人口の自然減が急速に進んだ**限界集落**の問題が表出している。国土交通省と総務省が取りまとめた『国土形成計画策定のための集落の状況に関する現況把握調査』(2007)では、全国の過疎地域にある6万2,273集落のうち、7,878が限界集落であると指摘した。

このような地方と都市部の違いをみせている自治体において、少子高齢化や人口減少の背景要因を究明しながら、交通弱者や買い物弱者などの住民の諸問題をとらえ、地域福祉の方策を立てることがコミュニティワークの課題となります。

インナーシティ(inner city):都市の内部にありながら、その都市全体の市民との交流が隔絶された低所得世帯が密集する住宅地域を指す。一般に都市は、構成する地区によって機能分担しているが、そうした機能分担に関係なく、インナーシティは孤立している場合が多い。
ベッドタウン:都心へ通勤する者の住宅を中心に発達した大都市周辺の衛星都市を意味し、住宅都市と呼ぶ場合もある。ベッドタウンは和製英語で、正しくはbedroom townなどという。
中山間地域:中山間地域の統一した定義はないが、一般的には平野の外縁部から山間地に至る地域(離島や半島地域も含む)を指す。中山間地域は国土総面積の7割を占め、そうした地域では少子高齢化が進み、地域福祉のニーズも大きくなっている。
限界集落:環境社会学者である大野晃が、1991(平成3)年に提唱した概念であり、過疎化などで人口の50%が65歳以上の高齢者となって、冠婚葬祭など社会的共同生活の維持が困難になった集落を意味する。そして限界集落を超えた集落は、「超限界集落」から「消滅集落」へと向かうとされる。また今後、限界集落に相当する地域は、都市部の行政区でも加速して広がることが推測されている。

（4）福祉コミュニティの概念

　先に、理想となるコミュニティを位置づけないコミュニティワークはありえないと述べました。そうしたコミュニティは、岡村重夫（1974：86-101）が「日常生活に困難をもつ人々の利益に同調して代弁する個人や機関・団体が、共通の福祉的関心をもって関与する特別なコミュニティ集団」と定義した、福祉コミュニティとして考えることが地域福祉関係者の共通認識となっています。

　一応、普遍的に広まっている福祉コミュニティの概念は、一方で福祉現場では規範的なイメージがひとり歩きしがちになり、それを経験的な現実に読み替えながら、段階的に発展していく目標をもつような理論としては十分に発展していません。最近になって、福祉コミュニティをテーマとした書籍がいくつか刊行されましたが[3]、それらも参考にしつつ理想となるコミュニティ像を福祉コミュニティとして、地域社会で具現化していくことが問われています。

2節　コミュニティの対象化

（1）コミュニティの定義

　コミュニティを研究対象とする社会学は、住民の日常的な生活行動を空間的な制約のなかで把握し、全体的に概観しつつ一定の特徴点を見いだすのを一般的な手法としてきました。そうした94の社会学の文献にあるコミュニティ概念の基本的な特性を分析した、ヒラリー（Hillery, G. A., Jr.）による『コミュニティの定義』（1955）の論文はよく引用されます。これによると94あるコミュニティの定義のうち、69が次の三つを共通項にしているとされています（松原1978：5-6）。

① それを構成する諸個人の間で、社会的相互作用が交わされている。
② 地域的空間の限定性
③ 共通の絆

①はコミュニティの共同性、②はコミュニティの地域性と解釈され、③を含

めてコミュニティの共通要件として定着しています。そうしたコミュニティ概念の基本的な特性を知ることは、コミュニティワークを進めるうえでも基礎となります。

ここでは、地域福祉の実践に基づいたコミュニティの特性をとらえる視点を三つあげ、どのようなコミュニティを対象化すべきなのかを考察します[4]。

（2）地域性――コミュニティの帰属意識

第一は、コミュニティの地域性をとらえる視点です。市区町村社協などが、地域福祉型福祉サービスとして小規模多機能型居宅介護や各種のサロン活動、または住民参加型の福祉サービスを実践したり、あるいは小地域社協を設置したりする場合では、住民が「どの地域にコミュニティを感じるか」というコミュニティの帰属意識を把握することが重要になります。

都市部を広くもった中核市や特例市などでは、小・中学校区をコミュニティとして意識する割合が高く、それに応じて校区社協を置く傾向がありました。これに対して地方都市では、自治会や町内会の行政区などに公民館が置かれた地区単位をコミュニティとして認識する傾向が強く、そうした所に地区社協を置く傾向がありました。

また世代層によっても、コミュニティの帰属意識は違ってきます。20歳代や小中学校へ通う子どもをもつ世代は、学区をコミュニティと感じる割合が高くなるのに対して、中高年層は行政区や公民館がある地区をコミュニティと感じる割合が高くなる傾向があります。

コミュニティの帰属意識の違いは、そこで居住する住民の「住み続けたい意識」や「暮らしの満足度」にも相関します。また生活圏の現状に不満がある層

小地域社協：小地域での福祉活動を市区町村社協がより綿密に行うために、住民組織（自治会、町内会）や団体の連携や協力を得て、校区や地区などの小地域で細分化した社協を組織するものである。こうした小地域社協は、地域の福祉問題を住民に共通した課題として取り上げて行政の施策へとつなげたり、独自な実践活動をするためにボランティアを育成したりする。

一般的に、小地域社協には常勤の職員は駐在せず、民生児童委員やボランティアなどで運営されるが、本体の社協から補助金などの活動財源を得て、各種の事業を展開している。

が、どのような行動意識をもつのかにも留意しなければなりません。そうした自治体のコミュニティの実情を見つめることが、福祉コミュニティの形成でも大切になります。

（3）共通の絆——コミュニティの調整

　第二は、コミュニティの共通の絆をとらえる視点です。各福祉分野の要援護者を対象として、地域福祉が多角化している現状は既述しました。さらにノーマライゼーションやソーシャル・インクルージョンの理念が浸透するに従って、これまで以上に少数者のニーズに対して配慮するようになりました。

　少数の要援護者の相互関係も考慮すると、公民館の地区単位や小・中学校区などのスモール・コミュニティの基盤に限定していては、地域福祉の実践で十分な把握や対応をしきれない状況も予測されます。それに関して今川晃は、「旧町村あるいは中学校区程度で解決できる課題は限られているわけであり、基礎自治体全体の水平的調整のあり方も同時に考える必要が生まれる」と述べています（今川・出口・新川 2005：8）。

　こうした情勢をとらえると、少数の要援護者の共通の絆を意識しながらコミュニティを調整して支援する課題が生じてきます。そこでは、疎外されている少数の要援護者に対して、地域社会での共生に対する共通の絆を深めながらコミュニティワークを進めていくという実践が求められます。このような実践は、必ずしもスモール・コミュニティから出発するのが原則とならない点にも注意が必要です。

（4）共同性——脱地域的な活動

　第三は、コミュニティの共同性をとらえる視点です。1990年代以降から、ＮＰＯの脱地域的な実践が、地域福祉の新たな潮流として注目されています。他の任意団体と比較して、ＮＰＯは特に「複数の区市町村をまたがる区域」や「国内および海外の広域」を活動範囲とする割合が高く、「１つの区市町村の区域内」でとどまるのが低いとする特性が実証されています（内閣府国民生活局

2001：20-21)。

　こうした特性をとらえて田中弥生（1999：25）は、コミュニティとは市町村のような行政区域を示すだけでなく、共通の関心や興味あるいは属性によって形成される人々の集合を意味するものだとし、このコミュニティ構築のための組織がＮＰＯであると論じています。このように、分権的な自治の単位としての地域（region）だけではなく、脱地域的な活動の広がりを認識して、コミュニティの新たな共同性をとらえていくことが、地域福祉の今日的な課題となります。

　以上のような地域福祉の実践に基づいたコミュニティの特性をふまえ、人口減少や合併による変動が著しい自治体でのコミュニティワークの実践では、次の三つのコミュニティを対象化することが適切であると考えます。
　① 住民の帰属意識からとらえるコミュニティ
　② 要援護者のニーズからとらえるコミュニティ
　③ 実践者の活動範域からとらえるコミュニティ

　上記の対象化したコミュニティは、個別のものとするのではなく、複合的にとらえて福祉コミュニティの形成へとつなげていくことが、これからの地域福祉の実践で求められます。そのためには、こうした対象のコミュニティを認識したうえで、次章で述べる「地域の診断」の視点をもつことが重要になります。

3節　オルタナティブなアウトリーチの必要性

（1）アウトリーチの技法

　地域社会の「問題」を意識したうえで、三つのコミュニティを類型化して対象にしました。このような視点をコミュニティワーカーがもつことは何を意味するのかというと、**アウトリーチ**を実践していく下準備となります。本来アウトリーチとは、ケースワーカーが積極的に出向いていき、クライエントに援助の必要性を認識させて、問題解決の動機づけを高めるアプローチを意味しました。

本書では、要援護者のニーズが多様化し、対象とすべき要援護者も多角化しているなかで、地域福祉としてのアウトリーチの大切さをつねに意識します。これまで対象としていなかった少数の要援護者、あるいは地域社会から孤立している要援護者に対し、医療・保健・福祉などの関係者が直接に出向いて、要援護者のニーズに対応するアウトリーチが求められます。また**地域包括支援センター**は、こうしたアウトリーチ実践の拠点となるべきものであり、地域の要援護者の情報を集約して、その活動を展開することが期待されています。

　さらに地域福祉としてのアウトリーチは、住民や要援護者に対して施策や事業への参加を積極的に促すことも技法として含みます。本章で述べた三つの対象化したコミュニティは、このようなアウトリーチの実践の基盤ともなります。

（2）オルタナティブなアプローチ

　地域福祉の現場では、施策や事業の対象者となる住民や要援護者がなかなか参加してくれない、という状況に悩むことが多くあります。そうした現状でコミュニティワーカーには、一つのアウトリーチの実践がうまくいかなくとも、オルタナティブ（alternative：代替の）なアプローチをもって対処していく準備が必要です。具体的には、施策や事業に住民や要援護者の多くが参加できない場合は、そのような対象者の意向や実態を把握して施策や事業に反映させたり、直接的に情報を提供したりするアウトリーチの実践が求められます。

　コミュニティワークの実践で適切に「問題」を表現するためには、理想とし

アウトリーチ（outreach）：辞書的には、①手を伸ばすこと、届こうとすること。②（より広範な地域社会などへの）至れり尽くせりの福祉、救済活動、消費者や大衆への接触と対応、出先機関の業務、を意味する。ソーシャルワークとしては、医療・福祉関係者などが直接に出向いて心理的なケアとともに、必要な支援に取り組むアプローチを指す。

地域包括支援センター：2005（平成17）年6月末に公布された「介護保険法等の一部を改正する法律」で新たに設けられた施設であり、「総合相談・支援」「虐待の早期発見・防止などの権利擁護」「介護予防ケアマネジメント」「包括的・継続的マネジメント支援」の四つの機能を担う、地域の中核機関として創設された（介護保険法第115条39項）。一つの地域包括支援センターあたり原則として社会福祉士など1名、保健師など1名、主任ケアマネジャー1名が職員配置基準となっており、福祉・保健・介護が連携した対応を求められている。

ての福祉コミュニティを想定してコミュニティを対象化することが大切です。そうすることで、さまざまな要援護者を支援する「目標」と、まだその目標が達成されていない現在の「状態」が浮かび上がっていきます。目標と現状が認識されると、1章で述べた「社会関係の維持」「当事者の自立」「情報の共有」「実践の組織化」といった地域福祉の基盤整備のプロセス・ゴールを達成するためにも、オルタナティブなアウトリーチの技術が重視されます。

　以上がコミュニティワークの「問題の発見」の段階で、コミュニティワーカーにとって求められる知識や技術の準備となります。

6章のまとめ

① 　地域社会が広域化してコミュニティが多様化すると、それだけ地域福祉の実践が困難になります。こうした情勢では、小地域社協などの地縁型活動とNPOなどの脱地域的な活動を組み合わせて、福祉コミュニティを形成していく実践が求められます。このあり方については、11章で後述します。

② 　アウトリーチの実践を進めていくうえで、要援護者に関する情報を集積することは必須の要件となります。けれども、そこで個人情報保護法による規制が問題となっています。これに対処するには、同法に対する理解と要援護者の情報を管理する拠点の確保、そして各種のアウトリーチの実践者（民生児童委員・福祉委員など）に応じた精度の情報を保持してもらう手段が必要となります（補論Ⅱを参照）。

【注】
1) 典型的な事例である岐阜県高山市は、旧高山市が周辺の2町7村と合併して香川県や大阪府よりも面積が大きくなり、東京都の規模にほぼ匹敵する自治体となった。同市の面積のうち92.5％は山林地であり、人口の約7割が高山地区（旧高山市）に集中している。
2) コンパクトシティについて松谷明彦（2009：52）は、人々が自らの豊かさを最大化することが困難となり、人口の流出を招いて地方の衰退を加速させる施策であると批判している。
3) 瓦井（2006）の他に、井上英晴（2004）『改訂 福祉コミュニティ論』小林出版、豊田保（2005）『福祉コミュニティの形成と市民福祉活動』萌文社、平川毅彦（2004）『「福祉コミュニティ」と地域社会』世界思想社、などがある。
4) 日本における政策としてのコミュニティの対象化は、戦後まもなく建設省大臣官房広報課が刊行した『コミュニティへの道 都市計画―團地住宅経営』（1949）に早くも見られる。そこでは、戦後の住宅難解消のために集団住宅を配備する都市計画が記されており、ただ単に住宅を建築するのではなく、それをコミュニティとして機能させることを目標としていた。

7章 問題を構造化し、その解決を予測する

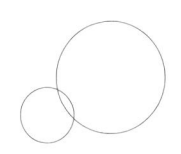

〈方法の概要〉

7章では、コミュニティワークの展開過程での「問題の把握」における問題発見のさまざまな技法を説明していきます。そのうえでコミュニティワーカーの役割を知り、さらに「地域の診断」において問題を構造化する三つの要件を理解します。

このような問題を構造化する視点をもつことは、コミュニティワーカーに求められる基礎的な資質となり、住民に対しての問題解決の説得力の向上にもつながります。

◆

Key Words：ワークショップ、ＫＪ法、問題の構造化

1節　問題の発見の技法とコミュニティワーカーの役割

（1）問題の発見の技法──ワークショップ

　教科書的なコミュニティワークの展開は、問題の把握から始まり、それは「問題の発見」と「地域の診断」から構成されます。前章では、問題の把握でコミュニティワーカーに求められる知識や技術の準備として、次の二点を指摘しました。

① 三つのコミュニティを対象化し、それらを複合的にとらえて福祉コミュニティの形成へとつなげていく。

② 要援護者のニーズが多様化し、対象とすべき要援護者も多角化しているなかで、地域福祉としてオルタナティブなアウトリーチ実践をつねに意識する。

　このような準備は、コミュニティワーカーの「問題意識の醸成」とも言い換えることができます。住民との日常的な関わりのなかで問題意識の醸成を図りつつ、コミュニティワーカーは問題解決の糸口を探って、問題の発見を皮切りにコミュニティワークを展開していく専門職といえます。

　一般的にコミュニティワーカーが、地域社会での生活・福祉の問題やニーズを発見するのには、次の三つのルートがあります。

① 一般住民からの問題発見：ワークショップ、住民座談会など
② 当事者からの問題発見：実態調査、ヒアリングなど
③ 専門職からの問題発見：協議会づくり（インターグループ・ワーク）、**デルファイ法**など

デルファイ法（delphi method）：1950年代に、アメリカのシンクタンクであるランド・コーポレーションで開発された調査技術である。それは、①当該の領域に関連する専門家集団に対し、調査目的や項目を明らかにした会議やアンケート調査などを実施して、集計の結果を知らせる。②必要があれば質問の修正を行って、再びアンケート調査を実施する過程を繰り返して意見を収れんし、専門的見解の一定の合意を形成する。こうして、将来起こりうる事象に関する予測を行う技法である。

近年では、調査票による量的な調査に並んでワークショップ（workshop）と呼ばれる参加型の技法が重視されています。ワークショップに厳密な定義はありませんが、通常は主体的に参加したメンバーが、協働の体験を通して創造や学習を生み出す場を意味します。そこでは参加者が受け身ではなく、積極的に関わる体験型の目的をもった機会となります。このために、単にグループに分かれて話し合うことを「ワークショップ」と称したりするのは誤りといえます。

　問題解決やトレーニングの技法に位置づけられるワークショップは、参加者同士の相互作用によってグループの可能性を探り、プロトタイプ（prototype：試作品）を創ることが目的となります。その意味において、ワークショップの主催者と参加者は、創造の目標に対して対等な関係にあります。

　ワークショップの技法としてはＫＪ法が有名で、まちづくり系のワークショップなどでは、広く用いられています。このＫＪ法をはじめとするワークショップを実施するうえでは、いくつかの運営上の注意点があります。それに関して錦澤滋雄は、次の基本的要件と三つの特性が不可欠であると述べています（錦澤2005：71-73）。

【基本的要件】
① 双方向性と連続性のある対話
② 五感を通じて獲得する体験

【三つの特性】
① 参加者の対等性
② 情報の共有性
③ プログラムの柔軟性

　以上を留意して「問題の発見」の技法を用いることで、次の段階の「地域の

ＫＪ法：ブレーン・ストーミング（集団の自由討議）などで出された意見や情報などを、それ一つごとに一枚のカードに書き込む。そうしてたまったカードから近い感じがするものを一定数集めてグループ化し、さらにそれらを小グループから中グループ、大グループへと組み立てて図解していく。こうした作業を経て、問題の解決に役立つヒントを創造的に見いだしていこうとする技法である。考案した文化人類学者の川喜田二郎（1920-2009）の頭文字を取って、ＫＪ法と名づけられた。詳細は、川喜田（1967：66-114）を参照。

診断」への移行が容易になります。コミュニティワークの展開過程では、すべての段階で住民の参加が強調される点は既述しました。けれども地域の診断に関しては、コミュニティワーカーの果たすべき役割が最も問われる段階となります。

（2）コミュニティワーカーの役割

　2章で紹介したロスは、ＣＯの過程におけるコミュニティワーカーの役割を「ガイド」「力をそえる人」「技術専門者」「社会治療者」という表現で説明しています。これら四つの役割について、それぞれの要点を確認します（Ross =1968：第8章）。

1）ガイドの役割

　ガイドの役割についてロスは、「共同社会が自分でえらんで動こうとする方向に、効果的に動くのを助けることを専門とする人」と規定している。その際にロスは、コミュニティワーカーが絶対に中立の立場にある者とは述べていない。コミュニティに改善点があるのに現状に満足している場合は、コミュニティワーカーに次のような注意を与えている。
　① ワーカーが主導権をもつ。
　② ワーカーはつねに客観的立場を守る。
　③ ワーカーはコミュニティと一体化する。
　④ ワーカーは役割を受け入れ、それを説明する。
　側面的な援助者の役割をコミュニティワーカーが果たすのは、単に受動的な追随者となって活動することを意味するのではなく、コミュニティへ積極的にアプローチするのを①の主導権は示している。そして②は、コミュニティ内の諸条件について、客観的であろうと努力する態度を述べている。

2）力をそえる人としての役割

　力をそえる人（enabler）とは、コミュニティの問題解決能力の増強のために、

側面援助の役割を果たす者のことを意味している。ロスは、そうした役割を「共同社会の状態についての不満を呼びおこし、焦点をあたえることによって、援助すなわち力をそえる」ものと説明している。これ以外に連絡調整やインターグループ・ワークを行い、機関や組織間の協働性を高めることも、力をそえる人の役割として含まれる。

　残りの「専門技術者」「社会治療者」は、それぞれ専門性を駆使して、資料や助言を与えたり、社会改良をしたりする役割を表しています。このように、ロスが説明するコミュニティワーカーの役割は、実践で理想を追求する態度を強調しています。

　それに対して本章では、「地域の診断」におけるコミュニティワーカーの役割に焦点を当てます。具体的には「問題の構造化」であり、それは問題がもつ本質的な点を明確にする作業となります。この作業を地域の診断に組み込むことで、問題解決の優先順位を確定する判断が容易になります。特に住民との合意形成を図るうえでは、問題の構造化は必須の要件にあげられます。

　問題の構造化の作業では、コミュニティワーカーが習得してきた知識や技術、そしてこれまでの経験が問われます。そうしたものを基盤として、問題解決の「ガイド」「力をそえる人」としてのコミュニティワーカーの資質の向上を考えます。

（3）問題解決者のもつべき能力
　発見された問題に対してコミュニティワーカーは、地域福祉のあるべき理想を模索しながら地域の診断を進めていきます。そして地域社会の問題解決者の一員としての立場を意識しながら、コミュニティワーカーは問題の構造化に取り組む姿勢を体現していくことになります。
　このような問題解決者のもつべき能力に関しては、心理学者の安西祐一郎が問題解決者の四つの特徴を示しているのが参考になります。

1）生きて働く記憶

　問題解決に利用されるイメージというのは、生きて働く記憶と、目標の達成に向けてより意図的に働く思考とが出会い、一つの形を成して心に浮かんだものであるとする（安西 1985：83）。

2）原因―結果、および手段―目標の関係によってものごとを理解する能力

　これは、因果的思考やプランを立てる能力のことを指している。後者のプランを立てる能力とは、望ましい未来を実現するために、その未来を現在の方へ結びつける能力となる（安西 1985：174）。

3）問題を適切に表現する能力

　問題を適切に表現できるためには、その問題の領域についての知識が必要である。また、こうした知識を得るには、その問題領域での問題解決の経験がたくさん必要になる（安西 1985：148）。

4）知識のダイナミクス

　これは、自分で問題解決を行うことを通して、その経験の中から、自分の目的を果たすのに都合のよいかたちで新しい知識を身につけること。さらにその知識に基づいて新しい問題に立ち向かうことによって、より広く深い知識に変化させていく動きを意味している（安西 1985：223）。

　地域の診断において問題を構造化する際に、上記の四つの特徴は応用して要件に取り込むことが可能です。それを次節で、三つの要件にしてまとめていきます。

2節　問題を構造化する三つの要件

（1）第一の要件——問題を分類する三つの枠組

　第一の要件は、問題解決者の特徴における「問題を適切に表現する能力」に関係します。それは、次のように地域福祉の実践に照らし合わせて、ワークショップなどで発見された問題を次の三つの系統の枠組に分類する作業となります。

　① 発生系の枠組：現に地域で発生しているもので、未対処の問題が入る。
　② 改善系の枠組：実践や組織などの現状を改善したいという問題が入る。
　③ 設定系の枠組：想定される事態に対して予防や強化を図る問題が入る。

　最初の①は、現状において地域で顕在化している問題群であり、いわゆる「福祉ニーズへの対処」と呼ばれるものが相当します。

　次の②には、内部と外部の問題群があります。内部の改善系の問題は、解決困難な問題に対して、一つの実践主体のあり方を改善することで、対処を図ろうとするものが相当します。そして外部の改善系の問題は、複数の実践主体が共通して抱える問題に対して、これまでの全体のあり方を見直そうとするものが該当します。

　最後の③は、少子高齢化が進む地域社会の近未来に対しての予防や強化などの問題群が相当します。そこでは、コミュニティワーカーが積極的に関与しないと、いつまでも取り上げられない問題もあります。社会福祉六法などがすべての福祉当事者を対象としていない現況で、ノーマライゼーションやソーシャル・インクルージョンの理念をもって、制度の狭間にいる要援護者に対する問題を設定することは大切です。

（2）第二の要件——問題の影響力の範囲と持続

　第二の要件は、問題解決者の特徴における「原因—結果、および手段—目標の関係によってものごとを理解する能力」に関係します。それは、新たに目前

に現れた問題に対し、その原因の究明と現状の分析で、これまで問題解決をしてきた実践の経験が有用な「知識」として活用されるかという意味あいにつながります。

　ここで重要な点は、ただ単に同じような地域社会の問題の解決に、それが役立つというだけではありません。そうではなく、これまでの問題解決の経験がコミュニティワーカーにとってさらに広い視野に置き直され、それを有用な知識として洗練することが求められます。そうした問題構造の分析では、次のような要点があげられます。

　① 問題の発生箇所と原因の推測
　② 問題が地域に与えている影響の範囲
　③ 問題がもつ影響力と解決すべき重要性
　④ 問題状況の期間と今後の持続の予測
　⑤ 問題状況の持続が将来に与える影響の程度

①～⑤の分析は、端的に「問題の影響力の範囲と持続」と表現することができます。そして次のマトリックスに表されて、基本的な判断に適用されます。

　以上のように、これまでの問題解決の経験をワーカーが有用な知識と発展さ

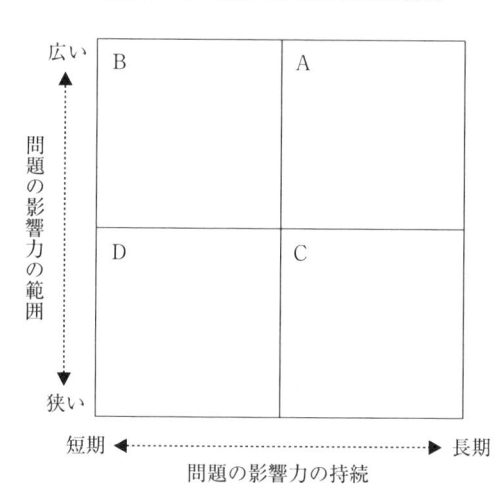

図表7-1　問題の影響力の範囲と持続

	短期	長期
広い	B	A
狭い	D	C

問題の影響力の範囲（縦軸：狭い↔広い）
問題の影響力の持続（横軸：短期↔長期）

せているかの問いは、後述する解決困難な課題への対処にも求められます。それは、コミュニティワーカーの経験や資質などによって、地域の診断の基礎能力へと練成されるべきものです。

(3) 第三の要件——問題への関心度と解決行動の範囲

　第三の要件は、問題解決者の特徴における「生きて働く記憶」に関係します。それは、コミュニティワーカーがもつ知識や技術、さらに実践経験を駆使して、問題解決に必要な基盤整備のプロセス・ゴールを構想する点につながります。

　地域福祉の基盤整備については、1章で前述した「社会関係の維持」「当事者の自立」「知識情報の共有」「実践の組織化」が相当します。そうした基盤整備に関するプロセス・ゴールを構想するうえでは、次のような問題構造の分析が求められます。

　① 問題の特性とコミュニティの地域性との関連
　② 問題の特性と住民の価値観や規範との関連
　③ 問題解決に対する住民の理解と関心の度合い
　④ 問題解決のための住民参加の自発性の程度
　⑤ 問題解決に協力する住民や組織の行動範囲とその力量

　これらの①〜⑤の分析も、端的に「問題への関心度と解決行動の範囲」と表現することができ、次頁の図表7-2のマトリックスに表されて、基本的な判断に適用されます。

　このような住民の問題への関心度と解決行動の範囲によって、基盤整備のプロセス・ゴールの構想は異なってきます。それは結果として、福祉コミュニティを形成するうえで達成水準の参考にもなります。

　近年の市町村合併によって、自治体の多くは人口の自然減が進む中山間地域などの条件不利地域を広く含むようになりました。そうしたなかで、安心して暮らしていける福祉のまちづくりを進めるために、基盤整備を図るプロセス・ゴールを適切に設定し、地域の問題解決に創造性を発揮することが求められます。

図表7-2　問題への関心度と解決行動の範囲

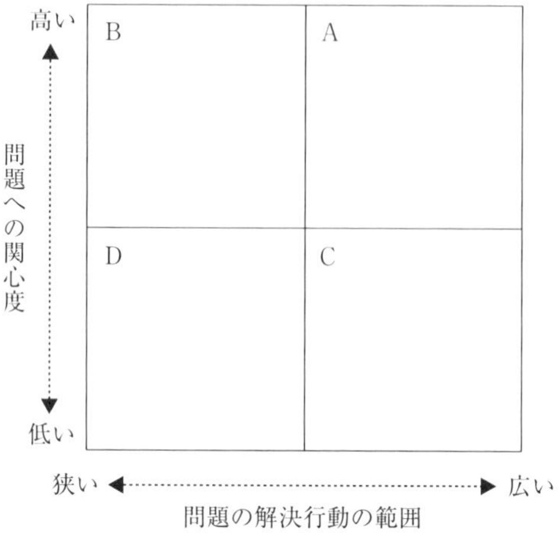

```
           高い
            ↑
            | B        A
            |
問題への関心度|
            | D        C
            |
           低い
       狭い ←--------→ 広い
         問題の解決行動の範囲
```

3節　困難課題の構造化とコミュニティワーカーの資質

(1) 困難課題の構造化

　問題の構造化では、これまで地域福祉の実践主体が解決を困難としていた課題に対しても、構造化を図る必要性がある場合があります。そうした困難課題では、次のような三点から原因を解明することが基本となります。
　① 実践してきた事業や施策の方法の選択の誤り
　② 実践してきた事業や施策の方法の運用の誤り
　③ 実践の主体だけでは対処できない困難課題

　①は方法の選択の見直しであり、施策や事業を実施後、いつ・どのような状況で困難に遭遇したかの分析が必要となります。さらに実践主体には、問題の全体像をとらえつつ、不足している情報を補うような情報能力の強化が問われます。
　そして②は方法の運用の見直しであり、③は施策や事業の実践主体における

組織の力量に関する制約条件の問題となります。②と③の問題点は、次章での戦略を考えるテーマにも関係します。

　以上の三点からの原因の解明を図ったうえで困難課題に対しては、コミュニティワーカーが所属する組織において、問題解決者の特徴における「知識のダイナミクス」を働かせながら、前章で述べたオルタナティブなアプローチでの対処が求められます。そして単一の組織での解決が困難な場合は、インターグループ・ワークの技術を用いての関係組織間の協議による知識のダイナミクスの創出が必要です。より具体的な解決方法を構想する戦略については、8章で述べます。

（2）コミュニティワーカーに求められる資質

　計画の策定委員会などで問題解決の優先順位をつける際に、その問題を構造化しておくと、住民や関係者に対して説得力をもつことができます。そして先述した問題を構造化する三つの要件は、①コミュニティ、②福祉当事者、③社会資源、に関係しています。このために、次のような定量的・定性的な基礎データをコミュニティワーカーが再確認し、優先順位の判断材料として明確にしておくことは有益です。

① 　コミュニティ：範囲・歴史・人口構成・人口動態など
② 　福祉当事者：人数の把握・所在の確認・当事者の特性・保有するニーズの固有性・当事者の主体性など
③ 　社 会 資 源：数量の把握・所在の確認・組織の目的・活動歴・活動範域など

　最後に強調するのは、地域の診断で問題の構造化をする際に、問題解決の「ガイド」「力をそえる人」としてコミュニティワーカーには、次のような二つの予測能力を働かせる資質が求められるという点です。

1）問題の発生原因を予測できる能力

　第一は、発見された地域社会の問題やニーズに対して、その発生原因が多面

的に予測できる能力である。この発生原因の予測判断により、有効な実践を設定する着想が変わってくる。

　また、うまく発生原因が予測できない場合でも、できる限り原因解明に接近でき、問題解決へとつながるインターグループ・ワークやネットワーキングを構想できる力量がワーカーには必要となる。そのためには、地域の社会資源の所在やその機能、他の専門職の役割に関する知識、およびこれらの社会資源や専門職と関わってきた経験歴が関係してくる。

２）地域社会の改善を予測できる能力

　第二は、発見された地域社会の問題に対して、計画策定の主体が地域福祉の知識や経験に基づいて解決策を模索し、ある解決策を実施すると仮定したうえで、どの程度の地域社会の改善をなしえるかが予測できる能力である。その選択した解決策の実行により、予測した変化が福祉コミュニティの形成として有効なものといえるか否かは、最終的な事後評価によってなされる。

　これらの二つの予測能力をワーカーが発揮することは、決してコミュニティワークにおける住民の主体性の尊重を阻害するものとはなりません。それは、次章で説明する地域福祉計画の策定の戦略でも基礎となります。そうした予測を内包した戦略の構想は、計画の策定委員会などで素案として提起されて、必要な検討や評価を受けることになります。

> **7章のまとめ**
>
> ① 地域社会の多様性に対応するために、さまざまな「問題の把握」の技法をコミュニティワーカーは習得しておく必要があります。さらに地域の診断において問題を構造化する作業では、問題の解決に向かって住民参加の機会の選択肢を増していくことにも配慮します。
>
> ② 問題を構造化する作業を通じてコミュニティワーカーは、「問題解決の目的とその意義」について詳細に考えることになります。そうした思索の時間があってコミュニティワーカーは、福祉コミュニティ形成へのプロセス・ゴールを明確に示し、住民参加への動機を促すような説得力を向上させることができます。

8章 計画策定に必要な戦略を立案する

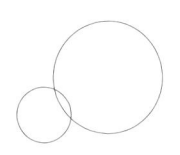

〈方法の概要〉

 8章では、地域の診断から計画の策定に至る段階で、三つの戦略を立案する必要性を説明します。第一の戦略は、問題から課題の抽出となります。そして第二の戦略は、ニードとディマンドを区別して問題を類型化することを内容とします。さらに第三の戦略では、形態分析法を適用して困難課題に対して解決を発想する方法を述べます。

 これらの戦略思考は、コミュニティワークの推進において、住民参加についての理解度を増すためにも重視されます。

◆

Key Words：ストレングス視点、ニード、ディマンド、形態分析法

1節　課題の抽出とニーズ把握の戦略

（1）第一の戦略 —— 問題から課題の抽出

　ロスマンによるCOの方法モデルとそれを発展させた研究については、3章で紹介しました。こうした方法モデルの研究は、それまでの実践を分析して問題点をとらえ、次のように方法論として練成したものといえます。
① 既存のコミュニティワークの知識や技術に基づき、それから演繹的な方法によってコミュニティで実践をする。
② ある程度の目標を達成すると、その過程（プロセス）と結果（ゴール）を評価し、そうした成果を帰納法的に解釈して方法モデルに組成する。
③ ②のモデルは、他のコミュニティでの実践に援用され、そこでの有用性が確認されることで普遍的な価値を得る。

　しかし地域福祉の問題に対して、漫然と方法モデルを援用するだけでは、望ましい解決は容易に達成できません。CO論の多くで戦略（strategies）がキー概念となっているのは、現実の問題解決に困難さがあるためです。

　辞書的な意味では、戦術（tactics）は「ある目的を達成するための方法」とされ、戦略は「戦術よりも広範な作戦計画」と説明されています。ハーディナ（Hardina 2002：225-227）は、CO実践でワーカーが各方法モデルに関連する戦略と戦術を活用できることが必要であると述べています。そのうえで戦術は、「変革志向の戦略の一部として始める短期的な行動」と定義づけ、戦略は「特定の社会の問題に取り組む長期的な実行計画」と定義づけています。

　同氏の定義を参考にして、本書では地域の診断から計画の策定に至る段階において、戦略を主要な目標であると認識します。そのうえで、コミュニティワークの戦略を次のように定義づけます。

　　地域福祉の円滑な実践ができるように、困難な状況をめぐる制約条件の除去や緩和のために地域の社会資源が連携して働きかけ、それをもって課題解決を図ろうとする計画的な対応策である。

これに対して戦術は、単純にソーシャル・アクションが相当すると定めます。戦術については、評価を経て実施するという観点で、15章で取り上げます。そして本章では、地域の診断から計画の策定に至る段階で、三つの戦略を立案していきます。

最初の戦略では、問題（problem）と課題（task）の語句の違いを意識します。辞書的な意味で、問題は「研究・論議して解決すべき事柄」とあります。そして課題は「一定期間内にやるべき務め」と説明されています。これに従ってコミュニティワークとして問題は「理想と現実のギャップ」と、課題は「問題に時間軸が設定されたもの」と解釈します。

そのうえで第一の戦略は、前章で述べた「発生系の枠組」「改善系の枠組」「設定系の枠組」によって分類した問題群から、時間軸を設定して課題になるものを抽出する方針を立てることと規定します。

（2）第二の戦略──ニーズ把握のバランス

コミュニティワークとしての計画策定では、一定の実施期間を設定するので、計画で取り上げられるのは問題ではなく課題となります。そうした計画策定を前提とした戦略では、住民や要援護者のニーズ（need）とディマンド（demand）の違いを意識することが重要です。

ニーズとは「必要・要求・不足」の意味の一般語で、それほど緊急性は強くありませんが、感情に訴える力が強い側面があります。それに対してディマンドは、「権威をもって（特に高圧的に）強く要求する」という意味をもちます。

1960年代のアメリカで確立したコミュニティ・ニーズ・アセスメントの技法では、ニーズとディマンドの区別を基本として、コミュニティワーカーなどが対応すべき地域の問題を次のように類型化しています（Tropman 1995：563-567）。

① 地域で求められる緊急対応の問題
② 福祉の対象者の質的ニーズの問題
③ 包括的なシステムを要する福祉のまちづくりの問題

①は、対象者のニーズからディマンド寄りの特性をもつ問題です。そして②

は、よりよく生きることを福祉の対象者が望む問題となります。そうした質的なニーズを把握したうえで、福祉の対象者の自立を促進するアプローチを実践するうえでは、コミュニティワーカーが**ストレングス視点**をもつことも重要になります。

このようなストレングスは、個人だけでなく家族などの集団やコミュニティも保持するものとされ、「資源」の意味にも通じます。住民主体や当事者主体の実践が求められる地域福祉においては、ストレングス視点の重要性が高まっています。

最後の③は、ノーマライゼーションやソーシャル・インクルージョン、そして福祉コミュニティなどの理念を具現化するために、相当の期間をかけて地域社会に包括的なシステムを構築する問題です。たとえば、少子高齢化が進む社会で人々が安心して暮らせるように、公私のネットワークに基づいた社会システムを創出したり、あるいは福祉教育などで計画的な啓発をしたりする活動が相当します。それは、予防を重視する福祉のまちづくりの実践へとつながります。

以上のように、ニーズとディマンドを区別して、地域福祉の問題を類型化することが、地域の診断に基づいて計画を策定するうえで、本章での第二の戦略となります。この第二の戦略の立案を明確にするために、図表8-1のようなニーズ把握のバランスの座標軸を、以前に筆者は考えました。

一般的に、地域福祉で「ニーズ把握」と称される実践では、ニーズとディマンドをあまり区分していません。またコミュニティワーカーには、量的なニーズと質的なニーズの違いもふまえて問題解決をする必要があります。こうした観点は、たとえばワークショップでKJ法が有効であっても、ニーズやディマンドの傾向がその場の参加者により違ってくる、という現実をどう受け止めるかに関係してきます。

ストレングス視点（Strength Perspective）：福祉サービス利用者のもつ能力や成長の可能性などの評価すべき側面に焦点を当てて、その利用者の長所や強さをワーカーが引き出すために、彼らの説明や経験などの解釈に関心をもって関わるソーシャルワークの視点である。これは、人間の弱さや欠陥に焦点を当てる医学モデルに対する批判として生まれたものである。

図表8-1　ニーズ把握のバランス

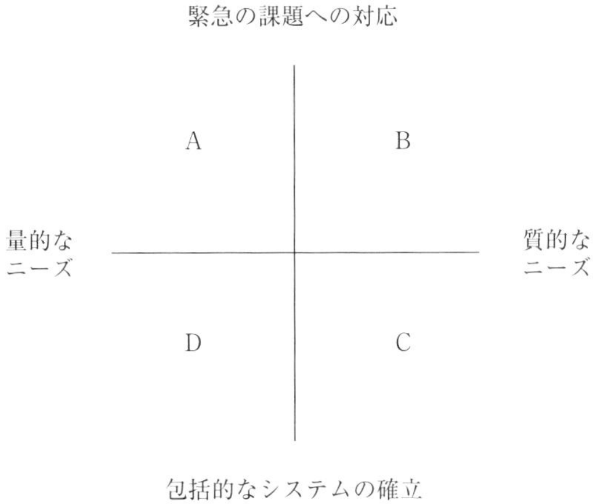

```
            緊急の課題への対応

             A    │    B
                  │
    量的な ────────┼──────── 質的な
    ニーズ        │         ニーズ
                  │
             D    │    C

           包括的なシステムの確立
```

出典）瓦井（2006：121）

　それを考えると、コミュニティワークの「地域の診断」から「計画の策定」へと至る段階で、第二の戦略を立案する必要性が出てきます。なぜなら地域社会では、要援護者のニーズは多数者と少数者のものが混在し、これに対して「課題とすべきである」と認識する程度は、住民や関係者の問題意識によって異なってくるからです。

2節　困難課題に対する解決の戦略

（1）第三の戦略──形態分析法の適用

　前章の3節では、地域福祉の実践主体が困難課題に対して構造化を図る視点を述べました。第三の戦略は、このような困難課題へ対処する際に「実際にどのような方策を打ち出すべきか」という方針を立案します。
　第一と第二の戦略は、地域福祉の施策や事業の実践主体が、目前の問題に対して組織の中核的能力（core competence）をいかに行使するかの立案となります。第三の戦略においては、この中核的能力に加えて地域の社会資源の包括的

能力（comprehensive competence）を駆使する構想を練っていきます。その構想をもって地域福祉の実践主体が、関係する社会資源と連携や協働をしながら、戦略を実行していきます。

地域社会の困難課題に対して、コミュニティワーカーが組織の中核的能力や社会資源の包括的能力を行使して解決を図る戦略を立案するには、これまで実践してきた施策や事業の方法を見直すという観点からも、**形態分析法**を適用することが有効です。

形態分析法では、まず解決すべき課題や検討する対象を「目的変数」として設定します。次にそれをいくつかの構成要素に分解し、この要素ごとに可能な変化となる「説明変数」を洗い出して、その要素間を組み合わせて新しいアイデアを発想します。

この方法を本節では、次のように進めます。

① 目的変数となる困難課題を決定する。
② 困難課題の解決に関係がありそうな説明変数を列挙する。
③ 各要素を同類項でまとめて、グループに分ける。
④ 要素のグループを整理し、一覧できる「形態分析表」を作成する。
⑤ 困難課題の解決に導くような戦略の仮説を立てる。
⑥ 計画策定委員会などで、その戦略の仮説を評価して決定する。

こうした形態分析法を展開するには、困難課題の説明変数を的確に整理することと、戦略の仮説を立てるときに現実的な可能性だけでなく、「どうすれば可能となるか」という視点をもって、多面的に発想することが大切です。

以下では、「合併後の広域化した自治体での有効なコミュニティワーク」を困難課題の目的変数として、形態分析法を適用した戦略の仮説を立てます。

形態分析法（Morphological Analysis Method）：カリフォルニア工科大学教授のズィッキー（Zwicky, F.）が、エロア・ジェット社で技法化したモホロジー・形態学を基礎とした発想法である。「一つのアイデアは、いくつかの要因が合成されて生まれてきたもの」との考え方であり、ストラクチュア（構造）分析とも呼ばれる。

図表8-2　地域福祉を目的とした形態分析表の一例

〔目的変数〕合併後の広域化した自治体での困難課題の解決
　合併後、都市部と地方が複合して広域化した自治体で、従来の地域福祉の実践水準を保つような施策や事業を構想する。

〔説明変数1〕地域特性
　1.1. 中山間地域　1.2. インナーシティ　1.3. ベッドタウン
〔説明変数2〕コミュニティ
　2.1. 旧市町村　2.2. 小学校区　2.3. 中学校区　2.4. 自治会・町内会　2.5. 集落　2.6. 日常生活圏　2.7. ネット・コミュニティ
〔説明変数3〕人と人とのつながり
　3.1. コミュニティの共同性　3.2. 共通の絆　3.3. 趣味や関心を通じた交流　3.4. 行事や事業への参加　3.5. 孤独死の発生　3.6. 親族との関係　3.7. 世代間の交流
〔説明変数4〕社会資源
　4.1. 地域福祉資源　4.2. 地域福祉に協力的な資源　4.3. 動員や開発が必要な社会資源　4.4. コミュニティ・ビジネス　4.5. ワーカーズ・コレクティブ
〔説明変数5〕重視する理念や援助技術
　5.1. ノーマライゼーション　5.2. ソーシャル・インクルージョン　5.3. 自立・共生　5.4. アウトリーチ　5.5. アドボカシー　5.6. ソーシャル・サポート・ネットワーク　5.7. ソーシャル・アクション　5.8. 地域福祉コーディネート
〔説明変数6〕住民の様相
　6.1. 合計特殊出生率　6.2. 老年人口比率　6.3. 独居世帯数　6.4. 高齢者世帯数　6.5. 三世代同居率　6.6. 夫婦共働き率　6.7. 交通弱者や買い物弱者数の推測　6.8. 要援護者に関する個人情報の登録
〔説明変数7〕住民の意識
　7.1. コミュニティへの帰属意識　7.2. まちづくり等への参加意識　7.3. 世代間の参加意識の違い　7.4. 生活や福祉への不平・不満　7.5. 住んでいるまちへの愛着
〔説明変数8〕住民・当事者のニーズ
　8.1. 一般住民の生活・福祉ニーズ　8.2. 当事者の生活・福祉ニーズ　8.3. 制度やサービスの認知度・利用度
〔説明変数9〕活動拠点と活動範囲
　9.1. 社会教育（公民館）　9.2. 福祉教育（学校・ＰＴＡ）　9.3. 地区・校区社協　9.4. ＮＰＯ　9.5. セルフヘルプ・グループ　9.6. 地域保健（保健福祉センター）　9.7. 脱地域的な活動　9.8. 行政の管轄区域　9.9. 民生児童委員　9.10. 福祉委員（福祉協力員）　9.11. 地域包括支援センター　9.12. シルバー人材センター　9.13. 警察　9.14. 消防署
〔説明変数10〕情報媒体
　10.1. 各種の広報紙　10.2. パソコン通信　10.3. テレビ・ラジオ　10.4. 地方新聞　10.5. 住民懇談会

―戦略の仮説Ⅰ―

　流入や流出で人口変動が著しいベッドタウンと、人口の自然減が進行する中山間地域とでは、住民のコミュニティへの帰属意識や社会資源の実数に違いがある。こうした違いを考慮しながら、それぞれの地域に合ったモデル事業や活動の組織化を計画的に図っていけば、従来の地域福祉の実践水準を保つことができる。

―戦略の仮説Ⅱ―

　ソーシャル・インクルージョンやアドボカシーなどが地域福祉の課題として重視されるに従って、これまであまり対象としてこなかった少数の当事者のニーズにも取り組むべきとの要請が高まっている。

　そのような少数の当事者は地域社会に点在している場合が多いため、活動範域の設定（zoning）を明確にした施策や事業を展開することで、あるべき地域福祉の実践水準を保つことができる。また状況によっては、行政区の範域を超えた脱地域的な活動によるアウトリーチの施策や事業が有効な場合もある。

―戦略の仮説Ⅲ―

　中山間地域には、交通弱者や買い物弱者といった人々にとって移動手段の確保が困難な地域、さらには消滅の危機に陥っている限界集落もある。

　こうした地域における実践では、行政区のコミュニティの再編も想定しながら、定住に必要な社会的機能の強化が求められる。そして要援護者支援に必要な個人情報の把握を進めつつ、求められる社会資源の開発や開拓を行い、有効なソーシャル・サポート・ネットワークが展開できれば、従来の地域福祉の実践水準を保つことができる。

　今日、地域福祉に関する情報があふれるなかで、コミュニティワーカーがそうした情報のなかに埋没し、身近な地域社会の問題を発見しえなくなる状況が危惧されています。ロスマンの方法モデルも、ただ知識として習得するだけでは

意味をもちません。このような形態分析法などを駆使して戦略を立案し、必要不可欠な情報を押さえたうえでコミュニティワーカーが方法モデルを用いることが大切です。また、地域福祉調査を行う際にも、形態分析法は有用となります。

(2) 戦略に対する合意形成

住民の意識は年齢階層別にも違いがあるため、福祉ニーズを序列化して住民との合意形成を図るのも、万全な準備を要します。最もニーズの多い対象に取り組むと安易に決定すると、勢い高齢者問題が優先されます。しかしながら、多様な住民の価値観に配慮すべき福祉コミュニティの形成では、**スティグマ**をもった少数者の問題を軽視してはなりません。

コミュニティワークとしての戦略を立てるうえでも、問題解決の優先順位に対する住民との合意形成は、重視すべき課題となります。そのために、どのような特性をもった問題を優先的に課題として取り上げるかでは、次の観点が考えられます。

① 地域福祉への参加に関して、住民の積極性を促すもの
② 住民と連携を図ることで、問題解決の意識を高めるもの
③ 当事者の権利擁護に対して、住民の認識を深めるもの

こうした合意形成の場では、計画策定の主体と参加した住民との社会的なコミュニケーションを十分に図り、対立した意見の人を敵対視せずに、同一の討議の場で協議を深めることが大切です。

さらに、どのような手法で合意形成の討議を実施するのかの検討も重要です。これに関しては錦澤滋雄が、諸外国における討議手法の例を図表8-3のようにまとめていて参考になります。

スティグマ（stigma）：辞書的には、「汚名」「恥辱」「不名誉」「欠点」「烙印」などと訳されている。ソーシャルワークとしては、身体上の障害や欠点、人と異なる生育歴、人種の違いなど他から区別される属性が、人々に差別や偏見を生む状況が解決すべき課題とされる。スティグマの本質的な意味は、集団の同質性を破る逸脱者という「社会的烙印」であり、そして他の構成員がその人を疎ましく思う状況が問題となる。

図表8-3　諸外国の討議手法の例

手法	実施されている主な国	概要
コンセンサス会議 consensus conference	デンマーク	参加型技術評価の代表的な会議手法。専門家と素人の市民が対等な立場で議論し、市民意見をまとめて、公表する。
パブリフォーラム publi forum	スイス	スイス版のコンセンサス会議。
シナリオワークショップ scenario workshop	デンマーク	シナリオをたたき台に議論するのが特徴。異なる立場や考え方を持つ人々が、部門や混成グループに分かれて議論。
フューチャーサーチ future search	アメリカ	共有すべき目標像を設定してから、それを実現するための行動プランを考える会議手法。協調的関係づくりにも有効。
プラーヌングスツェレ plannungszelle	ドイツ	無作為抽出によって選ばれた市民が1日8時間程度、4日間連続して議論する集中的討議の場。5名ずつのグループに分かれて議論。
シャレット charrette	アメリカ	協議する事項の関係者全員が集まり、集中的に議論する会議手法。1日〜数週間の短時間で合意に至るまで徹底的に議論する。

出典）錦澤（2005：67）

　この他に留意すべき点としては、関連する諸制度や社会資源などが複雑で、コミュニティワークをどのように進めるか不明な住民が多数いる状況に陥らないように、その出発点と終点の間での重点となるプロセスを明示し、あらかじめ討議の場で説明することがあります。図表8-4は、そうしたプロセスの明示の一例ですが、まだ具体的な取り組みなどを書き込む余地は残しています。

　このようなコミュニティワークの重点プロセスでは、当事者を含む住民の参加がほぼ例外なく強調されます。その理由としては、多くの参加した住民が合意形成を図ることにより、問題解決の優先順位が明確となって、後の諸活動の展開でも住民の主体性が十分に発揮されていくからです。そのなかでも、図表8-4にある住民参加の評価（Participatory Evaluation）は、近年のコミュニティワークでも関心が高まっている技法です。

　この評価法では、計画の基本構想の内容から実施計画の展開の判断まで、地

図表8-4　コミュニティワークの重点プロセス

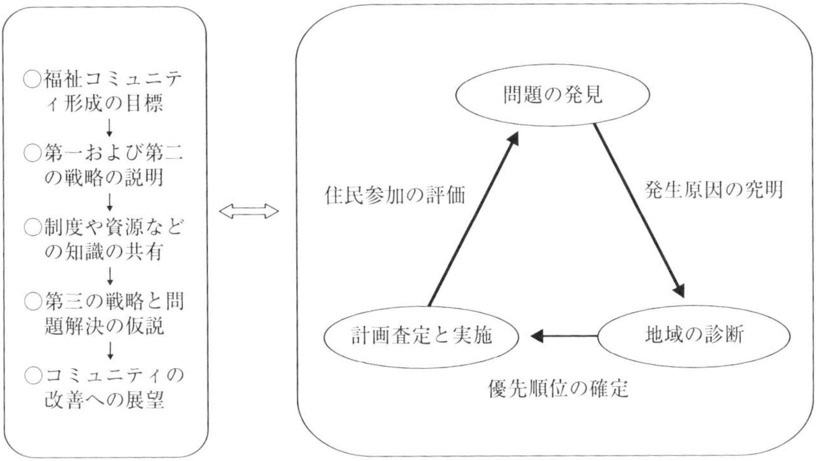

```
┌─────────────┐         ┌─────────────────────────────┐
│○福祉コミュニテ│         │           問題の発見          │
│ ィ形成の目標 │         │            ↗    ↘           │
│     ↓       │         │   住民参加の評価  発生原因の究明 │
│○第一および第二│         │   ↗              ↘          │
│ の戦略の説明 │  ⇔      │ 計画査定と実施 ← 地域の診断    │
│     ↓       │         │        優先順位の確定         │
│○制度や資源など│         └─────────────────────────────┘
│ の知識の共有 │
│     ↓       │
│○第三の戦略と問│
│ 題解決の仮説 │
│     ↓       │
│○コミュニティの│
│ 改善への展望 │
└─────────────┘
```

域住民の実践者が関与します。これにより、計画の策定主体やコミュニティワーカーに対する住民の理解も深まり、福祉のまちづくりを推進していく責任感も共有され、さらに新たな問題発見へと循環されていきます。こうした参加型の評価の技法については、14章で取り上げます。

（3）戦略思考の必要性

　地域福祉の概念は、狭義の地域福祉（方法）と広義の地域福祉（対象）に大別され、それが本質を複雑にしていると既述しました。その複雑さに対応するためにも、地域福祉の施策や事業の実践主体における組織の中核的能力と地域の社会資源の包括的能力を最適に組み合わせた戦略思考が必要となります。

　こうした戦略思考は、コミュニティワークの地域の診断から計画の策定の段階で、次のような準備をするなかで求められます。

① 全体的な目標（タスク・ゴール）と個別的・過渡的な目標（プロセス・ゴール）を設定する。
② 個別的・過渡的な目標を時系列的に配列し、取り組む順序を確定する。
③ ②の目標が確定したら、それに必要な実践や方法を考える。

④　特定の活動を実施した場合の効果の予測、また求められる社会資源などを検討する（ロスマンの12の分析指標も活用する）。

　コミュニティ・インターベンションの理論では、ジェネリックな視点をワーカーがもつ必要性を強調していました。この視点は、複合した制約条件をもつ地域福祉の困難課題に対して、「どの制約条件に目をつけて、いかなる方法モデルを適用するのか」を検討する際に用いられます。

　地域福祉計画が総合的な目的や目標を掲げる場合は、計画自体が「戦略計画」としての性格をもちます。その際には計画の策定主体が、他の社会資源と連携して困難課題の解決を図る戦略を立案しなければなりません。そのためにも、計画の策定主体などは戦略がもつ意義を理解したうえで、関係する社会資源と協調を図ることが求められます。

　以上のように、コミュニティワークでの地域の診断から計画の策定の段階では、地域住民や関係者が戦略思考を共有しながら、課題解決の優先順位を考える時間と場をもつことが大切となります。

8章のまとめ

① 本章で説明した三つの戦略は、前章で述べたコミュニティワーカーに求められる資質である、「問題の発生原因」と「地域社会の改善」を予測できる能力を基礎として、それを可視的に発展させた方針となります。

② このような戦略を計画の策定主体が立案することで、地域福祉の実践主体に協働を要請したり、あるいは住民に参加を求めたりする際に、行うべき実践の必要性などの説明が容易になります。さらに、そうした実践主体や住民に「ただ計画の策定主体に、利用されるだけではないのか」という疑念を招く恐れも軽減します。

9章 地域福祉計画を策定する I
── 上位レベルの計画

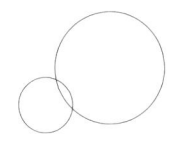

〈方法の概要〉

 9章では、社会計画の歴史的な系譜を学んだうえで、コミュニティワークとしての計画策定と、地方自治としての計画策定の二つの流れが、現在の二種類の地域福祉計画のあり方へと帰着している点を把握します。その二者の関係性が今日、計画のジレンマを生み、地域福祉の推進にも影響を与えていることを理解します。

 この事態に対処するために本章では、上位レベルの基本構想に掲げる未来像や使命を考えたうえで、それを計画のコンセプトとして下位レベルの計画へブレークダウンしていく技法を説明します。

◆

Key Words：計画のジレンマ、未来像、使命、計画のブレークダウン

1節　社会計画の歴史的な系譜

（1）コミュニティワークとしての計画策定

　社会計画（Social Planning）の歴史的な系譜については、幾人かの研究者が論じています。その一人である武川正吾は、「ソーシャルワーク」「都市計画」「経済計画」「国家計画」の四つの領域において、社会計画の概念が浮上したと述べています。

　また武川は、ソーシャルワークの領域であるＣＯにおける社会計画には、次の四つの意味があると論じています。

① 個人の問題の解決を社会的要因にまで遡行するという認識方法を含む。
② 計画の対象を個人から社会へと拡大したものである。
③ 具体的内容として、社会サービスの計画化を含む。
④ 住民参加としての社会計画という意味をもつ。

　さらに同氏は、1960年代にアメリカの都市計画当局の多くが、社会計画の部署を設置し、そこで社会学者や社会学的素養をもつ建築家とＣＯの担当者が協力関係を保ち、専門家の議論としてだけでなく、行政機構の一部門としても社会計画という概念が定着したと指摘しています（武川 1992：25-42）。

　歴史的にみると、2章で取り上げた「ニーズ・資源調整説」である『ＣＯの討議計画に関する起草委員会報告書―レイン委員会報告』には、ＣＯの主要な方法の一つとして計画（planning）が、すでに位置づけられていました。それに基づいて日本では、1960年代後半から全社協の牧賢一（1966：155-166）らが中心となり、地域福祉計画の策定を模索していました。

　コミュニティワークとしての計画策定が実際に始動したのは、1983（昭和58）年4月に「社会福祉事業法の一部を改正する法律案」が成立し、これにより**市町村社協法制化**が実現して以降のことです。その動向を見据えながら全社協が、社協の当面の強化目標を明らかにし、社協基盤の確立を目的とした発展計画の策定の指針を示した『社協基盤強化の指針』（1982）を刊行したのも起点となりました。

計画の理論面では、髙田真治（1979：174-188）が『社会福祉計画論』を著したことが前進となりました。社会システム論の観点で書かれた同書によって、社会福祉計画の内容は「構想計画」「課題計画」「実施計画」に整理され、後年の地域福祉計画の策定の考え方にも影響を与えました。

　市町村社協法制化の翌年に、全社協は『地域福祉計画―理論と方法』（1984）を刊行しています。これは住民主体の原則に立った社協が、国や地方公共団体との関係を明らかにしつつ、公私協働による社会福祉の体系とその推進体制を確立するための「計画化の理論と実践方法」に主眼を置き、そのあり方を示したものです。

　同書の刊行以降、コミュニティワークとしての計画策定は、1980年代後半から市区町村社協が地域福祉（活動）計画を策定するという形で本格化しました。

（2）地方自治としての計画策定

　地方自治体が社会計画を策定する経験の蓄積は、コミュニティワークとしての計画策定よりも時期的に先行しました。1947（昭和22）年に制定された地方自治法には、「市町村は、その事務を処理するに当たっては、議会の議決を経てその地域における総合的かつ計画的な行政の運営を図るための基本構想を定め、これに即して行うようにしなければならない」（第2条4項）とあります[1]。

　この基本構想を定めることの義務化により、地方自治としての計画策定が始動しました。そして、基本構想を軸とする市町村計画の骨格を固めるために、当時の自治省が市町村計画策定方法研究会（委員長：磯村英一）に委託して発表されたのが、『市町村計画策定方法研究報告』（1966）です。

　同報告では、基本構想を基本計画と実施計画とともに、市町村計画を構成する一連の概念として、次のような規定をしました。

市町村社協法制化：1951（昭和26）年に成立した社会福祉事業法には、当初、中央と都道府県の社協は明文化されていたが、市町村社協については明文化されていなかった。そのために、地域組織化活動や在宅福祉サービスを推進する社協活動の法的な位置づけと基盤形成を図ろうとする意図をもって、市町村社協の法制化を社協関係者が要望していた。

1）基本構想の性格

市町村又は市町村の存する地域社会の将来の目標および目標達成のための基本的施策を明らかにし、基本計画および実施計画の基礎となるべきものである。

2）基本計画の性格

基本構想において設定された市町村の将来の目標および施策、手段の方針のうち、原則として、市町村が直接に実現手段を有する施策、手段およびこれらの施策を合理的に推進するための内部管理合理化方策の大綱を定めるべきもので、後に続く実施計画の基本となるべきものである。

3）実施計画の性格

基本計画で定められた市町村の施策の大綱を、市町村が現実の自治体の行財政のなかで、どのように実施していくかを明らかにするための計画である。

このように階層的な構成が明示され、市町村計画は今日「地域総合計画」として自治体で策定されています。そうした地域総合計画では、基本計画において分野ごとに長期計画が策定され、また分野別に個別計画も策定されています。後述する市町村地域福祉計画は、基本計画に基づく個別計画の一つに位置づけられています。

(3) 市町村レベルの福祉行政計画

1990年代の福祉政策は、市町村での「サービスの計画的推進」の時代の幕開けとなりました。まず国の関係各省によって1989（平成元）年に『高齢者保健福祉推進十か年戦略』（ゴールドプラン）、1994（同6）年に『今後の子育て支援のための施策の基本的方向について』（エンゼルプラン）、1995（同7）年に『ノーマライゼーション7か年戦略』（障害者プラン）のいわゆる福祉3プランが策定されました。

この一方で、1990（同2）年の社会福祉関係八法改正に伴う老人保健福祉計

画を皮切りに、障害者計画（1993）・介護保険事業計画（1997）・保育計画（2002）・障害福祉計画（2006）といった**福祉行政計画**が、次々と市町村レベルで策定され始めました。そして社会福祉法の成立では、地方自治体が地域福祉の計画的な実現を図るために、市町村が地域福祉の推進を一体的に進める市町村地域福祉計画と、都道府県が市町村の地域福祉を支援する都道府県地域福祉支援計画の策定が法定化されました。

2節　市町村地域福祉計画の総合性とジレンマ

（1）計画に求められる総合性

　日本が少子高齢化社会へと加速していくなかで、市町村地域福祉計画の策定は先に述べた社会計画の系譜をふまえながらも、地域福祉を総括するうえでどのような特性をもつべきなのかが問われています。

　社会福祉法の第107条により市町村地域福祉計画は、次の三つに関する事項を盛り込んで、その内容を公表するものとされています。

　① 地域における福祉サービスの適切な利用の推進
　② 地域における社会福祉を目的とした事業の健全な発達
　③ 地域福祉に関する活動への住民の参加

　これに加えて、市町村地域福祉計画がとらえるべき課題については、各種の公文書で総合的な視点が必要であると提起されています。たとえば、全社協が示した『地域福祉計画と地域福祉支援計画の考え方について』（2001）では、社会福祉法が定めた三つの事項だけを含む計画を「狭義の地域福祉計画」とし、

福祉行政計画：市町村が策定する福祉行政計画の根拠法は、老人福祉計画が老人福祉法第20条の8、障害者計画が障害者基本法第9条の3、介護保険事業計画が介護保険法第117条、保育計画が児童福祉法第56条の8、障害福祉計画が障害者自立支援法第88条である。そして市町村自治体に対する策定義務は、地域福祉計画だけが任意であって、残りの福祉計画はすべて義務となっている。

それに加えて福祉3プランの内容を含む計画を「広義の地域福祉計画」と区分する指針を示しました。

また社会保障審議会福祉部会の報告『市町村地域福祉計画及び都道府県地域福祉支援計画策定指針の在り方について（一人ひとりの地域住民への訴え）』(2002)では、「地域福祉計画は、老人保健福祉計画・介護保険事業計画、障害者計画、児童育成計画、その他の関連する計画との整合性を持ち、かつ、福祉・保健・医療及び生活関連分野との連携を確保して策定される必要がある」と述べられています。

この点に関して大橋謙策（2001：24-25）は、地域福祉計画が新しい社会福祉法の理念をふまえた"総合性"のある計画でなければならないとし、そうした総合性には「属性分野ごとのモザイク的計画ではなく、属性分野を超えた横断的サービス提供システムを軸にした市町村における地域福祉推進の統合的計画」を含むことが求められると論じています。

さらに、武川正吾（2005：45）も「総合化の趣旨を徹底させると、福祉3プランだけでなく、その他の関連分野の計画との一体的な策定も視野に入ってくる」と論じ、まちづくりや住宅・教育・雇用・防災なども地域福祉計画の関連分野であると指摘しています。

（2）合理性の限界と計画のジレンマ

以上の提言をみると、市町村地域福祉計画には社会福祉の領域にとどまらない、隣接分野の医療や保健なども含めた総合的な内容をもった策定が期待されているのが理解できます。しかしそこには、合理性の限界がある点に気づく必要があります。

ノーマライゼーションを主要な理念としているために、地域福祉は多くの福祉領域や隣接分野も合理的に含みやすいといえます。こうした一方で、狭義の地域福祉の構成要素である「組織化・サービスの提供・環境改善」の実践に対する関係者や住民などの受容範囲と、それらを遂行する能力には一定の限界があるというのが合理性の限界の問題です。

この問題は、地域社会にある社会資源の質と量にも関係します。そうした限界点を考慮せずに、ただ地域福祉の合理性の側面だけを過大評価すると、計画策定での過度の目標設定につながります。そして計画実施の段階で身動きができなくなり、関係者や住民は問題意識をもっているのに、数多くの課題が手つかずのままとなる結果に陥ります。このような状況を「計画のジレンマ」といいます。

　この計画のジレンマに関して、ミンツバーグ（Mintzberg =1997：340）は、次のように述べています。

> 　計画担当者は、システマティックな分析を行うための正確な技法を身に付けている。そしてさらに重要なことは、彼らは戦略的な重要課題を考察する時間に十分恵まれている。彼らに欠落しがちなのは、戦略を作成するための権限である。そしてはるかに重大な結果をもたらす点としては、ソフトな情報を得るのに必要なコネが欠落しているだけでなく、決定的に重要なソフトな情報そのものが欠落しているのである。

　市町村地域福祉計画の策定は理念だけにとどまらず、実際の諸活動のあり方にも言及するために、同氏の指摘は当てはまるといえます。これまで述べてきたコミュニティワークとしての計画策定と地方自治としての計画策定、さらに1990年代からの福祉行政計画の策定によって、計画策定の主体がさまざまに分化していることで、地域社会の真の実態に迫るようなソフトの資源の情報が欠落しがちになった状況が各地でみられています。

（3）計画策定の主体のあり方

　計画策定の主体のあり方については、東京都地域福祉推進計画等検討委員会の答申『東京都における地域福祉推進計画の基本的あり方について』（1989）がよく参照されます。同答申では、地域福祉計画には次の三種類があると示されました。

① 都が策定する地域福祉推進計画
② 区市町村が策定する地域福祉計画
③ 社協が中心に住民が主体的に策定する地域福祉活動計画

これらの計画が有機的に関係することで、地域福祉システムが構築できると同答申は提言しました。けれども、老人福祉・身体障害者福祉・児童福祉・知的障害者福祉・精神保健福祉などの分野で、地域福祉の考え方が積極的に導入されて内容が多角化している現在、この答申のように組織別で策定主体を分けることが、何の課題解決において意義があるのかは考える余地があります。

　このように策定主体を分化させた根拠は、社会計画の歴史的な系譜から来ています。そこで地域福祉計画の策定主体には、計画のジレンマを回避するうえで関連分野ごとの固有の問題を把握する能力は十分なのかが問われます。また、主体ごとに策定した三相の計画を有機的に関係させる意図は理解できるのですが、福祉コミュニティの形成へ向かって諸活動が高次化していくプロセスを、そうした各主体が理論的に整合させているのかも問われる点です。

　市町村地域福祉計画は、市町村が策定する地域総合計画における基本計画に基づく個別計画の一つであることは前述しました。こうした市町村地域福祉計画には、他の福祉行政計画と比較して、特性に違いがあります。それは、他の計画が主としてサービス供給に関わる「量」の計画であるのに対し、地域福祉計画は主としてサービスの利用やその健全な発達などの福祉の「質」に関わる計画となる点です。したがって、他の計画策定における地域の診断では、定量的分析が軸となるのに対し、地域福祉計画の策定での地域の診断は定性的分析が軸となります。

　以上をまとめると市町村地域福祉計画には、①各種の福祉計画の内容を関連させる点、②地域の定性的な分析を実施し、他の福祉計画の定量的な目標達成の下支えをする点、という二重の観点で調整を図る必要性があるといえます。

3節　基本構想における未来像と使命

（1）地域福祉の未来像の具体化

　総合的・複合的・関係的に把握して診断した地域のニーズに対し、住民や関

係者が自らの問題と認識して計画的な取り組みを創り出すコミュニティワークの計画策定では、問題解決のための方法を明らかにし、その解決に向けての施策や事業を展開していく指針を示すことが要件となります。

これ以降は、市町村地域福祉計画と地域福祉活動計画を必要がない限りは区分せず、「地域福祉計画」と呼称して方法論の対象とします。そして先述した指針を明確に表示できるように、本節では地域福祉計画の基本的な構造を述べていきます。

地域福祉計画は、問題の解決の方向性を定めた方針となる上位レベルの基本構想と、地域の診断を基礎とした目標や方法を記した下位レベルの課題計画と実施計画の三層構成で策定します。上位レベルの基本構想では、第一に掲げる内容として地域福祉の未来像（vision）があります。未来像とは、ノーマライゼーションやソーシャル・インクルージョンの理念に基づいた自治体レベルの地域福祉の理想（福祉コミュニティの形成）を意味します。

1章で地域福祉を「すべての住民が地域社会で安心して暮らせるまちづくりを目的とし、住民による主体的な活動とともに、公私の関係機関や組織などの主体が協働して実践をする社会福祉の領域である」と定義しました。この定義では、地域福祉概念の内包（概念に反映されている対象の本質の総体）と外延（概念に反映されている対象の範囲）を両方とも表しています。

同じく1章では、地域社会での基盤整備として「社会関係の維持」「当事者の自立」「情報の共有」「実践の組織化」をあげました。これらは、地域福祉の概念の内包である「すべての住民が安心して暮らせるまちづくり」という目的の構成要素となります。それに加えて本節では、地域福祉の概念の外延を規定する側面として「価値観」と「生活様式」と「コミュニティの対象化」を取り上げます。この三つの側面において、上記の定義の後半部分である協働のあり方を次のように考察していきます。

1）価値観の側面

価値観の側面には、地域福祉の実践主体の価値観とコミュニティワーカーの

価値観、そして地域社会に居住する住民や福祉当事者の価値観がある。地域福祉の理論上は住民主体の原則が重視されるが、ノーマライゼーションやソーシャル・インクルージョンの理念に基づいたコミュニティワーカーの実践へ思いや社会資源の最適配分といった課題が住民の価値観と相反する場合もある。そうした場合に、8章で述べたようにさまざまな価値観から合意形成をして目標を調整する戦略が必要となる。

2）生活様式の側面

生活様式の側面では、都市部と地方の地域性からの違いがあげられる。市町村合併以降、自治体内で生活様式の違いが際立ってきた状況が、地域福祉の実践をより困難にしている。さらに、住民の居住歴や職業などの要素における生活様式の違いも、実践を進めるうえで考慮すべき点となる。

そればかりではなく、少子高齢化に伴う単独世帯の増加が、地域社会での交通弱者や買い物弱者、さらに孤独死の増加などの背景要因となっている。これらの問題解決においては、要援護者の生活様式に基づいた構造的な判断が基礎となる。

3）コミュニティの対象化の側面

この側面については、6章で既述した。それは「住民の帰属意識」「要援護者のニーズ」「実践者の活動範域」をとらえ、分権的な自治の単位としての地域にとどまらない、コミュニティの圏域を設定（zoning）するものである。

特に実践者の活動範域としては、小地域福祉活動を志向する自治体の行政・社協、脱地域的な活動を展開するＮＰＯやセルフヘルプ・グループ、そして企業などの社会貢献活動（philanthropy）や地域化を進める福祉施設も含めて、どのような活動意識をもっているのかを把握することが要点となる。これらの実践主体がもつ目的や動機を正しく認識するためには、行動科学的な判断が求められる。

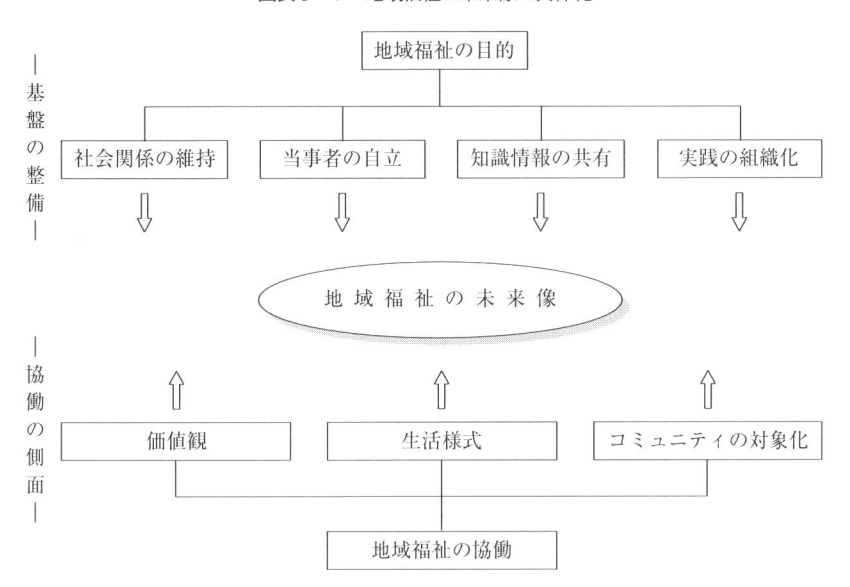

図表9-1　地域福祉の未来像の具体化

―基盤の整備―

地域福祉の目的
- 社会関係の維持
- 当事者の自立
- 知識情報の共有
- 実践の組織化

⇩　⇩　⇩　⇩

地域福祉の未来像

⇧　⇧　⇧

―協働の側面―
- 価値観
- 生活様式
- コミュニティの対象化

地域福祉の協働

　こうした地域福祉の概念における内包の「目的」と外延の「協働」から、その未来像を具体化する形を図式化すると、図表9-1のようになります。
　以上のようにして、地域福祉の目的の基盤整備である「社会関係の維持」「当事者の自立」「情報の共有」「実践の組織化」の構成要素と、協働のあり方を考察する「価値観」「生活様式」「コミュニティの対象化」の側面から接近することで、地域福祉計画の基本構想における未来像が具体化されます。

（2）基本構想の使命

　地域福祉計画の基本構想には、もう一つ盛り込むべき内容があります。それは、計画の策定主体における地域福祉の「使命」(mission) です。使命とは、計画の策定主体がどのような地域福祉の社会的使命や社会的機能を果たそうとして実践するのかという主体の存在理由を表します。
　こうした使命を基本構想に明示することは、次の課題計画の策定で問題から課題を抽出するうえで意味をもちます。7章で問題を構造化する第一の要件と

して、「発生系の枠組」「改善系の枠組」「設定系の枠組」で分類することを述べました。また8章では、コミュニティワークとしての問題は「理想と現実のギャップ」であり、課題は「問題に時間軸が設定されたもの」と解釈しました。

地域社会には、無数の生活問題や福祉問題があり、実施期間を限定する地域福祉計画においては、すべての問題群を取り上げることは不可能です。この使命は、地域の問題群から優先順位をつけて課題を抽出する論拠にもなります。そうした使命を含めて、基本構想の全体像は次のように規定されます。

> 「すべての住民が安心して暮らせるまちづくりを図る」という地域福祉の目的について、基盤整備の構成要素と協働のあり方の側面から、未来像として基本構想は具体化する。さらに計画の策定主体の使命を明らかにし、地域福祉の問題解決の方針を住民に示す。

以上まで述べてきた、基本構想に記載される地域福祉の目的・未来像・使命といった内容は、計画のコンセプト（concept：基本的な考え）となります。このコンセプトは、基本構想から課題計画、そして実施計画へと計画の内容をブレークダウン（breakdown：分解）していく道標にもなります。

（3）地域福祉計画のブレークダウン

基本構想・課題計画・実施計画という三層の構造で地域福祉計画を策定するうえでは、各計画の内容が相互に脈絡をもつことが大切です。そのためにも、下記の二点を計画の策定主体間で整合させる取り組みが重要になります。

① 基本構想における計画のコンセプトを市町村地域福祉計画と地域福祉活動計画が共有すること。
② そのうえで、基本構想から課題計画・実施計画へとブレークダウンしていく考え方を両方の計画の策定主体間で相互理解すること。

前述した『東京都における地域福祉推進計画の基本的あり方について』が答申した三種類の地域福祉計画が有機的に関係すべきであるとの指摘は、少なくとも上記の内容の整合を図るものでないと、真の地域福祉システムは構築できません。

そのために、上位レベルの基本構想のコンセプトから、下位レベルの課題計画や実施計画へとブレークダウンしていき、「何の目標を」「いつまでに」「どのような方法をもって」「どこまで達成するか」などの指標を明確にしていきます。その構図については、コミュニティワークの地域の診断で得たデータを基礎としながら、以下のように上位レベルから下位レベルまでの計画内容を焦点化していくものとなります。

1）地域福祉の実践のあり方と求めていく方向性の提示
　基本構想の全体像は、先に述べた通りである。これによって計画の策定主体は、目的・未来像・使命を住民に明らかにし、地域福祉の実践のあり方と展開の方向性を示すことになる。

2）地域福祉の実践の目標と取り上げる課題の提示
　基本構想から課題計画へとブレークダウンするなかでは、未来像をもって実践の目標を明確にすること、さらに使命をもって地域の問題群から課題を抽出して提示することが求められる。この目標と課題を設定したうえで、当該の自治体においてどのようなコミュニティを対象化し、福祉コミュニティを形成するのかを課題計画に表すことになる。

3）地域福祉の実践の方法と展開すべき施策の提示
　課題計画から実施計画へとブレークダウンするなかでは、設定された目標と課題に基づいて、地域福祉計画の実施期間内に展開すべき施策や事業を提示する。そこでは、ロスマンの方法モデルと整合させながら、どのような方法や戦略を選択していくのかも合わせて示される。さらに、地域福祉計画を策定する自治体の現況やコミュニティの実態などにより、課題解決や目標達成のためにいかなる社会資源の動員や開発をしていくかの内容も表される。

図表9-2　計画のブレークダウンの構図

```
1）地域福祉の実践のあり方
　　と求めていく方向性の提示
                     2）地域福祉の実践の目標
                     　　と取り上げる課題の提示
                                          3）地域福祉の実践の方法
                                          　　と展開すべき施策の提示

目的・未来像・使命 ⇔ 福祉コミュニティの形成 ⇔ 方法モデルとの整合
```

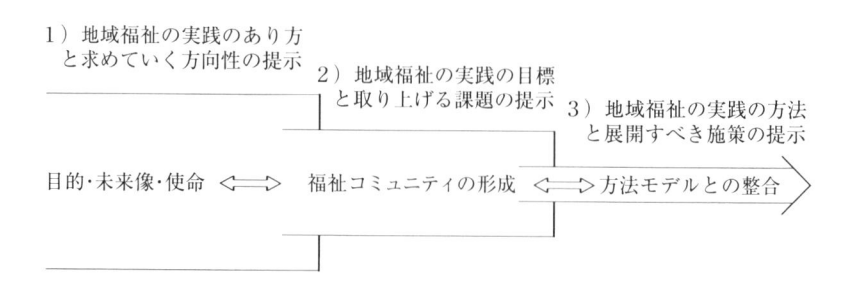

　図表9-2のような流れで、地域福祉計画の基本構想のコンセプトは下位レベル計画へとブレークダウンされていき、その内容も焦点化されます。

　次章で述べる下位レベルの計画の策定では、設定された目標と課題について達成すべき内容を分類し、それぞれを明確にする手順を説明します。それは言い換えると、計画の目標と課題を設定したうえで、どの程度の達成度や解決度をめざすのかを考える作業となります。

9章のまとめ

① 計画のジレンマを回避するためには、地域福祉計画を上位レベルと下位レベルで策定し、計画の理念や実践の方法、そして社会資源の実態などを整合させて全体を構成する必要があります。

② 上記の構成が計画の策定主体の内外で合意されていない場合は、「なぜ計画を策定するのか」という議論から再出発を図ります。もしそれが、ただ社会福祉法に法定化されているからという理由だけでは、ＮＰＯなどの実践主体が協働の相手として計画の策定主体と信頼関係を保てない状況に陥ります。

【注】

1）基本構想に関する項の規定は、地方自治法制定の当初からあったわけではなく、1969（昭和44）年3月の改正で付け加えられた。

10章 地域福祉計画を策定するⅡ
―― 下位レベルの計画

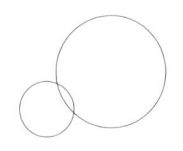

〈方法の概要〉

　10章では、下位レベルの課題計画の策定において、二つの課題を抽出する技法を示し、そしてソーシャル・キャピタルをはじめとする社会資源を検討します。さらに課題計画の達成目標を設定した後、実施計画の策定では、どのような要点があるのかを論じます。

　最後に計画の策定委員会において、参加した住民にその策定の手順を把握してもらうことの大切さを理解し、実施計画に設定した施策や事業がよりよく実施できるような配慮を考えます。

◆

Key Words：課題の抽出、ソーシャル・キャピタル、ベンチマーキング

1節　課題の抽出と目標の確定

（1）問題の構造化からの課題の抽出

　基本構想で示した未来像と使命に基づいて、本節では下位レベルの課題計画を策定します。まず課題の抽出の技法を説明し、次にその課題解決の達成目標を確定します。既述したように、実施期間を限定した地域福祉計画では、地域社会にある無数の生活・福祉問題をすべて取り上げることはできません。そうした問題群から、優先順位をつけて課題として抽出する技法として、次の二つを述べます。

　最初の技法は、7章で述べた問題の構造化と8章で述べた戦略から接近するものです。それは計画の策定委員会などで、以下の手順によって検討します。

① 問題の構造化・第一の要件により、「発生系の枠組」「改善系の枠組」「設定系の枠組」を用いて、ワークショップや実態調査などで発見された諸問題を三つの系統に分類する。

② 問題の構造化・第二の要件により、これまで問題解決をしてきた実践の経験を有用な知識として活用し、①で三つに分類した問題の原因の究明と現状の分析を進めていく。

③ 分析を図った諸問題について、計画の実施期間（5年間）に解決の実現性がある課題を抽出する（第一の戦略）。

　このように抽出した課題に対し、さらに第二の戦略である「ニーズ把握のバランスの座標軸」により、その解決を計画的に図る見通しを立てます。

　一方で、計画の実施期間には解決が困難な問題については、これまで計画の策定主体が関与してきた施策や事業であれば、7章で述べた困難課題の構造化に従って、その方法などに対しての原因を解明していきます。もし従来の施策や事業と関連がない場合は、8章で述べた形態分析法を適用して、問題解決のための新しいアイデアを発想します。

　以上のようにして、計画の策定委員会などで検討して課題を抽出していきま

10章　地域福祉計画を策定するⅡ——下位レベルの計画　*125*

図表10-1　計画の策定委員会での課題の抽出と分析

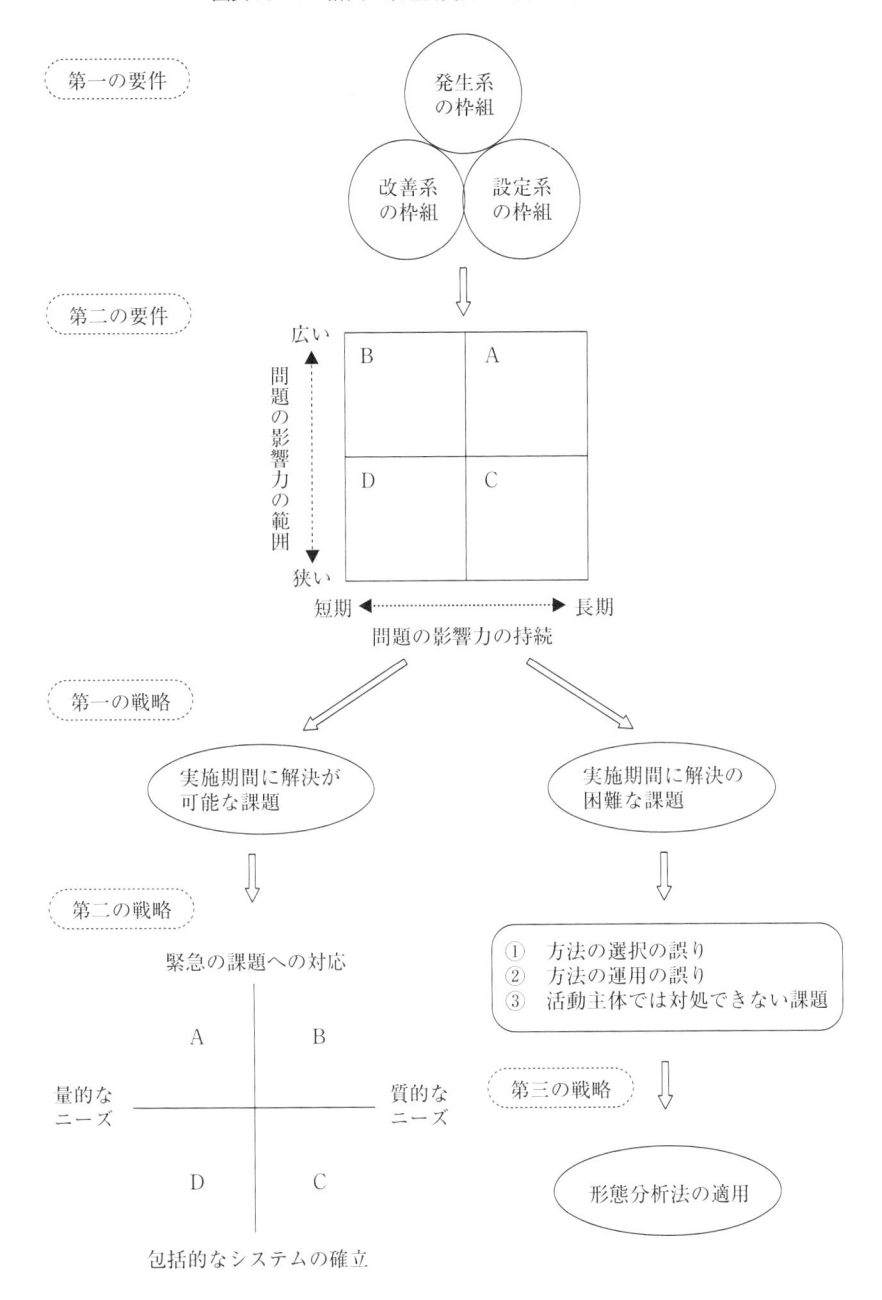

第一の要件
- 発生系の枠組
- 改善系の枠組
- 設定系の枠組

第二の要件

問題の影響力の範囲（広い⇔狭い）／問題の影響力の持続（短期⇔長期）

	短期	長期
広い	B	A
狭い	D	C

第一の戦略
- 実施期間に解決が可能な課題
- 実施期間に解決の困難な課題

第二の戦略

緊急の課題への対応

	量的なニーズ	質的なニーズ
	A	B
	D	C

包括的なシステムの確立

① 方法の選択の誤り
② 方法の運用の誤り
③ 活動主体では対処できない課題

第三の戦略

形態分析法の適用

す。その一連の手順を図示すると、図表10 - 1のようになります。

　こうした問題群から課題を抽出する技法は、コミュニティワークの展開過程において創造的な問題解決を図る導入部分として行います。そのタイミングとしては、地域の診断から計画の策定に至る段階が妥当といえます。

（2）未来像からの課題の抽出

　もう一つの技法は、本書における地域福祉の目的の構成要素（地域社会での基盤整備）である「社会関係の維持」「当事者の自立」「知識情報の共有」「実践の組織化」と、協働のあり方を考察する側面である「価値観」「生活様式」「コミュニティの対象化」から接近し、課題として抽出するものです。

　まず、7章で述べた問題の構造化の第三の要件により、地域社会での基盤整備の四つの構成要素に関しての「問題への関心度と解決行動の範囲」の分析を図り、基盤整備におけるプロセス・ゴールを構想します。

　次に地域の診断の結果から、隣接する分野も含めてそれに関係する協働の価値が見いだせる指標——「健康」「環境」「文化」「教育」「安全」「情報」「地域起業」「集う」「学ぶ」——などを「価値観」「生活様式」「コミュニティの対象化」の各側面にも関連させながらあげていきます。

　以上の基盤整備のプロセス・ゴールと協働の指標を引き合わせ、地域福祉の未来像とも整合させながら住民や当事者の参加の動機が促せる課題を考えていきます。たとえば、次のような課題です。

① 個人の自己実現や生きがいの追求
② 地域の環境問題の改善
③ 住民がもつ諸技能の集積と活用
④ 地域にある有用な諸資源の利用（廃校の空き校舎の活用など）
⑤ 地域における世代間交流の促進
⑥ 地域の内外にわたる人的交流の発展
⑦ 高齢者や障害者などの社会参加の促進
⑧ **コミュニティ・ビジネスやワーカーズ・コレクティブによる地域起業**

過疎化が進行する中山間地域を広く抱えた自治体では、住民の生きがいを創出することが福祉コミュニティの形成でも課題となります。そこでは、社会教育などの範疇に含まれる施策や事業との連携を図り、地域福祉の垣根を越えた取り組みの指標を掲げることが大切です。

二番目の課題の抽出の技法では、コミュニティワーカーが中心となって構想します。そのために最初に述べた技法のタイミングとは違って、地域福祉の未来像を具体化した基本構想を策定後のフィードバックなどの機会で検討されます。また抽出した課題に対して、新たな事業を構想する技法については13章で述べます。

（3）課題計画での社会資源の検討

課題計画の策定における課題の抽出作業を終えると、次はその課題解決のために必要な社会資源を、どのように動員・開発・再編などを図るかという検討に移ります。

コミュニティワークでの社会資源は、問題解決の手段となるものすべてを包括する用語であると規定しました。具体的に課題計画で検討を要する社会資源には、次のような種類があります。

① 物 的 資 源：社会福祉関係の施設、社会教育関係の施設など
② 制 度 的 資 源：関連する公私の制度・サービス・事業、活動助成など
③ 人 的 資 源：ボランティア団体、当事者団体、福祉ＮＰＯなど
④ 社会関係資本：ソーシャル・キャピタル（Social Capital）

④のソーシャル・キャピタルとは、社会ネットワークやそれが生み出す信頼や互酬生の規範などの不可視な諸資源を総称する概念であり、1980年代前後から

コミュニティ・ビジネス（Community Business）、ワーカーズ・コレクティブ（Worker's Collective）：コミュニティ・ビジネスとは、事業的な地域活動を展開しているＮＰＯなどの団体が営む、その収益事業を意味する。そしてワーカーズ・コレクティブ（協同労働）とは、住民などが出資者となって運営にも参加し、地域社会に役立つ事業を協同して展開している事業体をいう。

社会学で理論化が進展し、さらに社会科学全般で注目されてきました。

パットナム（Putnam =2006：14）は、それを「物的資本は物理的対象を、人的資源は個人の特性を指すものだが、社会関係資本が指し示しているのは個人間のつながり、すなわち社会的ネットワーク、およびそこから生じる互酬性と信頼性の規範である」と定義し、そのうえで同氏（=2001：211-220）は、次の三つにソーシャル・キャピタルの構成要素を集約しました。

1）信頼

信頼は、それ自体が「ソーシャル・キャピタルの本質的な構成要素である」としたうえで、「信頼という社会資本は供給されるほどに増大し、使われないと枯渇する資源であり、互いが信頼を多く示せば示す程、両者の信頼は大きくなる」としている。また、知っている人に対する厚い信頼（親密な社会的ネットワークの資産）と、知らない人に対する薄い信頼（地域における他のメンバーに対する一般的な信頼）を区別し、「弱い結合（薄い信頼）の方が、多様な小グループのメンバーを結びつける傾向にある」と指摘する。

2）規範

規範については、互酬性を基盤とするものを重視し、「ある時点では一方的あるいは均衡を欠くとしても、今与えられた便宜は将来的に返礼される必要があるという、相互期待を伴う交換の持続的関係を指す」もので、「利己心と連帯を調和するのに役立つ」とする。

3）ネットワーク

ネットワークは、垂直的なネットワークと水平的なネットワークに分類したうえで、「近隣集団やスポーツクラブなど、市民の積極的参加による水平的ネットワークが密であるほど、相互利益の獲得に向けて幅広い協力ができるようになる」と指摘する。

今日、ソーシャル・キャピタルの充実は、民主主義をうまく機能させる鍵とみなされており、それを自治体の福祉政策で強化することは、人的資源もより活性化させると論じられています。またこの資本は、ソーシャルワークにおいても取り残された少数派による介入を可能にするものとして支持され、そうした少数の要援護者へ架橋する機能をもつようなソーシャル・キャピタルの重要性が指摘されています（Dominguez, S. 2008：36-37）。
　以上のように、取り組むべき課題を抽出して、それに従って社会資源の動員や開発などを計画化することが課題計画の骨子となります。さらに課題計画の策定では、計画のジレンマへ陥らないようにフィードバックして基本構想と整合させることが大切です。そうしたフィードバックでは、次の三つの内容を整合させます。
　① 基本構想のコンセプト（目的・使命・未来像）が指し示す方向性と、取り上げられた課題の本質が適合しているか。
　② 課題解決のための実践活動の戦略を明確にしているか。
　③ 社会資源の動員や開発などの可能性を示しているか。
　この作業を進めると取り組むべき課題群が、経験に基づいて課題解決が展望できる「定型的な課題」と、解決困難が予想される「不定型的な課題」に大別されます。前者については、次に述べる達成目標の確定の作業に入って、実施計画の策定の段階へ進みます。後者に対しては、冒頭で述べた困難課題の構造化による原因の解明や形態分析法の適用を考えることになります。

（4）達成目標の確定
　住民主体のあり方が論議される地域福祉ですが、住民の意識も多様化しているため、解決が展望できる課題に対して達成目標を確定する作業でも、周到な準備による住民との合意形成が必要です。
　住民の共通理解を得られるように、課題計画での達成目標を確定する作業では、次の三つの構成要素を設定します。
　① 達成指標の設定：定量的な指標と定性的な指標

② 達成期間の設定：プロセス・ゴールとタスク・ゴール
③ 達成水準の設定：福祉コミュニティ形成の水準

①の指標では、社会資源などの数値が掲げられる指標とそれが不可能な指標に分類し、それぞれに達成すべき指標を設定します。②のプロセス・ゴールの達成期間は、タスク・ゴールとの兼ね合いで設定します。そしてタスク・ゴールの達成期間は、地域福祉計画の実施期間との兼ね合いで設定します。③の水準では、基本構想と整合させながら、計画期間内でどの程度の水準の福祉コミュニティを形成するかの目標を定めます。

2節　課題計画から実施計画へのブレークダウン

(1) 実施計画の策定——5Ｗ１Ｈの適用

課題計画の達成目標を確定すると、その目標に整合させながら実施計画へとブレークダウンする段階に移ります。実施計画は、地域福祉の施策や事業を進める内容を表すものであり、住民に対して「参加の説得力」を最も要する計画になります。そのために本書では、施策（施すべき対策）を地域福祉の組織化と位置づけ、ロスマンの方法モデルを意識しながら、11章と12章で詳しく述べます。

実施計画の策定では、地域福祉の施策や事業を考える際に、5Ｗ１Ｈ（What Why When Who Where How）を基軸とします。そこでは、Who・What・Howが先決事項となり、次の検討から着手します。

① 福祉対象者の選定（Who）

抽出した課題に対して、どのような福祉対象者に必要な福祉を提供するのか。

② 支援の内容の確定（What）

そうした福祉対象者に、どのような内容の支援を実施するのか。

③ 支援の方法の決定（How）

その福祉対象者に、どのような実践の方法で支援をするのか。

　Whoを検討するときには、by Whom（誰によって）の側面も合わせて考えます。人口減少が進行し、集落機能も衰退している中山間地域などでは、地域の実践者が自治会などで役職をいくつも担い、相当な疲労感を漂わせている状況が見受けられます。こうした場面においては、実施計画のby Whomを考える際にも慎重さを要します。

　Whyは、実施計画の施策や事業を進めるうえで、ネットワークなどの地域福祉の組織化が必要となった際に、その相手となる関係機関や組織などに説明をする理由づけが該当します。

　Whenは、必要な準備期間を考慮しながら、いつから施策や事業を開始するのかを検討します。

（2）モデル事業の指定とベンチマーキング

　Whereについては、地理的に「どこで施策や事業をするのか」という内容において考慮すべき点があります。合併により広域化した自治体では、新しい施策や事業を全域でいっせいに実施するのは、相当に困難な場合があります。そのために、まずモデル事業を考案し、それをどのような条件が整った小地域で最初に指定して、残りの小地域に段階的に広げていくかの戦略が重要となります。

　このようなモデル事業の指定は、小地域レベルで地域福祉活動計画を策定することに関係します。またモデル事業を考えるうえでは、他の自治体で実践している先駆的な事業から学ぶ先進地視察が、以前から多くの地域福祉の実践主体で行っていました。こうした先進地視察も含みながら、ここでは**ベンチマーキングの技法**を適用します。

ベンチマーキング（benchmarking）：経営学で考案された変革の技法であり、「利害関係者価値（主として顧客価値）を創造し業績を上げるため、業界内外の優れた業務方法（ベストプラクティス）と自社の業務方法を比較し、現行プロセスとのギャップを分析し、知（知識・知恵・知心）を結集して自社にあったベストプラクティスを導入・実現することにより現行の業務プロセスを飛躍的に改善・改革する、体系的で前向きな経営変革手法である」と定義される（髙梨2006：32）。

地域福祉としてのベンチマーキングは、単に模倣をすることでなく、その自治体で行われている施策や事業の情報を収集し、それを自らの実践と比較・検討することから始まります。そこで見いだした差を分析し、地域状況の違いを考慮したうえで、成果を上げることができる最適な実践方法を考えて導入する過程がベンチマーキングとなります。

　地域福祉のベンチマーキングは、その先進地が実施している以上の施策や事業を実施しようとする創造的な取り組みとなります。そうした考え方をもって、優れた実践事例があれば、前述したフィードバックを行って基本構想や課題計画と整合させ、よりよい実践方法を構想して実施計画や小地域の地域福祉活動計画に盛り込むことが求められます。

（3）実施計画の予算化

　How については、How Much の側面も合わせて考えます。そこでは、実施計画を策定した後に、個々の施策や事業の実施に見合った予算を確定します。これらの施策や事業は単年度で終了することは少ないため、その費用対効果を評価できるように計画的な支出費目を設定すると、計画終了後に第二次計画を策定する際にも参考になります。さらに別に、基盤強化計画や財源計画などを策定することも有効です[1]。

　また、実施計画の実効性を高める予算を獲得するために、議会議員などの有力者を計画策定委員会の構成員に加えたり、計画実施の必要性を議会で説明したりする展開が重要となる場合もあります。その一方で、民間が実施主体となる新規事業の場合は、こうした事業を支援する共同募金をはじめとした資金助成の申請方法を理解することも大切です[2]。

　近年では、行政サービスを委託するＮＰＯ法人を育てることを目的とした「地域ファンド」（ボランティア基金）を設立する地方自治体も増えてきています。こうした基金から助成する対象が、自治体の効率化に寄与するＮＰＯ法人に偏っていないかを注視し、どのような住民の代表が審査委員に入っているかの関心をもつことは大切です。さらに全国各地で、住民の相互交流を深める地域再

生の社会資源として、**地域通貨**によってソーシャル・キャピタルを蓄積させる実践が行われています。そのような目的をもって補助金を確保することも、財政の基盤強化に含まれます。

　こうして実施計画に必要な予算がつくと、計画の実施の準備を図ります。地域福祉計画の対象の多角化に対処するために、計画の実施ではプロジェクトチームの編成が必要な場合もあります。また、大掛かりな施策や事業の実施では、その進行を管理するプロジェクト・マネジャーの配置も不可欠となります。

（4）計画策定の手順の提示

　計画の策定委員会などの場では、住民の主体性は尊重されますが、もし参加者の意図がバラバラで無秩序であれば、建設的な議論は難しくなります。そこで、計画の策定主体が一定の将来展望をもっていないと、いたずらに討議の場で時間を費やしてしまい、参加者は「会議疲れ」を起こして参加の意欲を減退させてしまう恐れがあります。

　この点もふまえて、限られた時間のなかで参加者が有益な相互作用を図るために、計画の策定委員会では計画をブレークダウンして整序させた策定の手順をあらかじめ説明することが大切です。次頁の図表10-2は、そうした手順を整序した一連の過程を示したものです。

　その図表の「5）予算と評価」にある②については、社会保障審議会福祉部会の報告『市町村地域福祉計画及び都道府県地域福祉計画策定指針の在り方について』（2002）が、評価委員会を組織して計画の評価をすることを提言しています。実際の地域福祉計画の内容が、地域福祉実践のダイナミズム（dynamism：活動力）を真にとらえているかが評価の焦点となります（14章を

地域通貨：地域通貨に明確な定義はないが、法定通貨ではなく住民や住民団体（商店街やＮＰＯなど）により発行される貨幣である。それは、ある目的や地域のコミュニティにおいて、法定貨幣と同等の価値あるいはまったく異なる価値がある貨幣として使用される。1990年代後半から日本でも広く流通し始めたが、2005年をピークに地域通貨の数は減少傾向を示した。しかし最近では地域通貨を媒介に、地域を越えた連携を図るような活動事例も出てきて注目を集めている。

134　Ⅱ部　コミュニティワークの実践理論

図表10-2　手順を整序した計画策定の過程

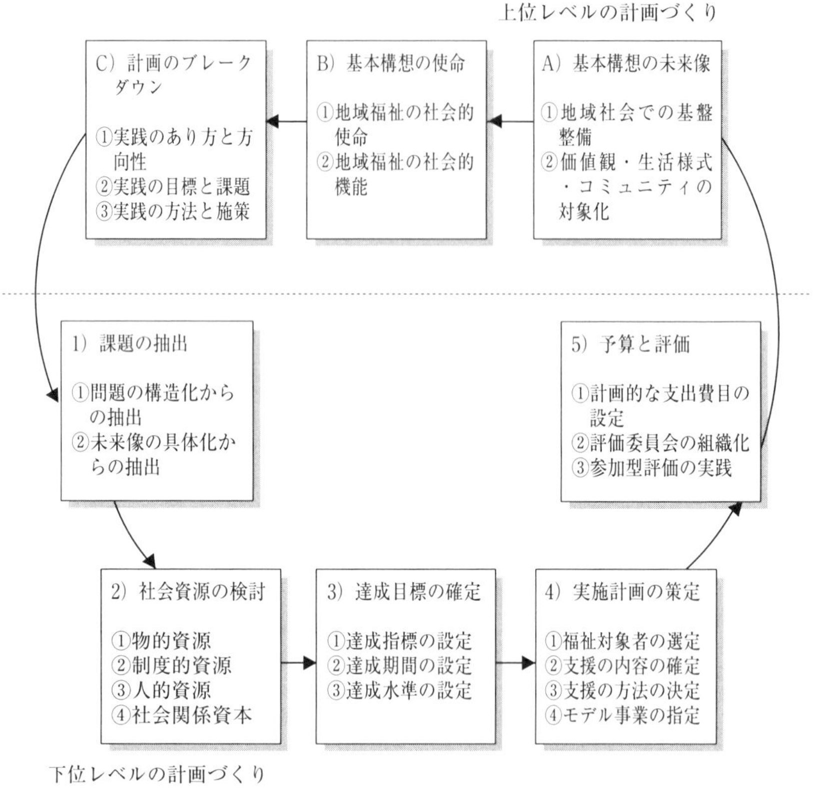

上位レベルの計画づくり

A）基本構想の未来像
①地域社会での基盤整備
②価値観・生活様式・コミュニティの対象化

B）基本構想の使命
①地域福祉の社会的使命
②地域福祉の社会的機能

C）計画のブレークダウン
①実践のあり方と方向性
②実践の目標と課題
③実践の方法と施策

1）課題の抽出
①問題の構造化からの抽出
②未来像の具体化からの抽出

2）社会資源の検討
①物的資源
②制度的資源
③人的資源
④社会関係資本

3）達成目標の確定
①達成指標の設定
②達成期間の設定
③達成水準の設定

4）実施計画の策定
①福祉対象者の選定
②支援の内容の確定
③支援の方法の決定
④モデル事業の指定

5）予算と評価
①計画的な支出費目の設定
②評価委員会の組織化
③参加型評価の実践

下位レベルの計画づくり

参照）。

　以上をもって、地域福祉計画の策定は終結します。でき上がった計画案に関しては、参加型評価の実践として住民説明会を開催したり、さまざまな手段を用いて**パブリックコメント**を募ったりすることも有効です。

パブリックコメント（Public Comment）：意見公募手続とも称され、行政機関が実施しようとする政策について、あらかじめ国民から意見を募り、それを意思決定に反映させることを目的とする制度である。2005（平成17）年6月の行政手続法の改正によって新設された。行政機関が命令や規則を策定または変更する場合、ウェブサイトなどを通じて素案を公表し、国民から意見を募る。そして国民は、電子メールや郵便などの手段を用いて意見を提出する。

> **10章のまとめ**
>
> ① 地域福祉計画の策定主体が、社会教育や環境などの幅広い分野で活動するＮＰＯなどの市民活動団体との連携を図るためにも、地域福祉の未来像からの課題を抽出する技法を用いる意義があります。
> ② 地域福祉計画の策定では、多様な考え方や価値観をもつ関係者や住民がコミュニケーションの相互作用により、「目標の達成度」と「課題の解決度」を均衡させて目的を追求する過程が重視されます。そうした社会的な相互作用（Social Interaction）を図ることで、計画の実施において施策や事業の実効性がより高まります。

【注】

1）ＮＰＯ法人などにおける財源は自主財源が多く占める場合が多いため、財源計画は公的機関の予算よりも柔軟な性格をもつものとなる。そこでは、共同募金などの既存の民間財源の活用とともに、地域でのバザーのような住民参加による財源確保も積極的に位置づけられる。一方、自治体行政から補助金を得る場合は、それにより民間活動としての自主性が損なわれないような注意が必要となる。

2）共同募金は、中央共同募金会・21世紀を迎える共同募金のあり方委員会答申『新しい「寄付の文化」の創造をめざして』（1996）に基づく改革が行われた。そこでは、従来において民間社会福祉施設や各種団体、市区町村社協などへの助成が中心であったあり方から、ボランティアやＮＰＯ活動への支援方針が打ち出された。

また中央共同募金会企画・推進委員会答申『地域をつくる市民を応援する共同募金への転換』（2007）では、共同募金をボランティアやＮＰＯ活動のための資金と位置づけるだけでなく、地域の問題解決を図るソーシャル・キャピタルを共同募金の助成を通じて豊かにするという方針が示された。

補論Ⅱ：個人情報保護法

（1）法律の施行と拡大解釈された問題

　個人情報の保護に関する法律（略称：個人情報保護法）は、2003（平成15）年5月23日に成立し、2005（同17）年4月1日に全面施行されました。この法律の成立には、情報化社会の進展とともに、行政や民間が保有する個人情報を容易に処理することが可能となり、プライバシー侵害への危険性が増した背景があります。ここでいう個人情報とは生存する個人の情報であり、特定の個人を識別できる情報（氏名、生年月日など）を指します。これには、他の情報と照合ができる状況によって特定の個人を識別することができる情報も含まれます。

　「個人情報は、個人の人格尊重の理念の下に慎重に取り扱われるべきことに鑑み、その適正な取扱いが図られなければならない」（第3条）を基本理念とした同法は、5000件を超える個人情報のデータベースなどを所持している事業者を「個人情報取扱事業者」と定義しました。この事業者には営利法人だけでなく非営利法人も該当しますが、一般の個人は原則として対象となりません（個人事業主などで、この定義に当てはまる者は対象となる）。

　こうした個人情報保護法を施行後、法律の基本理念を逸脱した拡大解釈が一部で広まり、国民生活に支障をきたすような過剰反応や誤解に基づいた、さまざまな問題が発生しました。同法は、主務官庁が個人情報取扱事業者に対する監督を行うもので、一般国民に対しての直接の規制には及びません。また、事業者に対して個人情報の漏洩それ自体に対する直接の刑罰はありません。個人情報取扱事業者へ主務官庁による中止や是正措置の勧告がなされ、従わない場合または要求された報告をしない場合に刑罰が課されることになります。

（2）地域福祉への影響と対応

　個人情報保護法の第23条では、個人情報取扱事業者があらかじめ本人の同意

を得なければ、個人データを第三者に提供してはならないという「第三者提供の制限」が定められています。地域福祉の推進において市区町村社協や民生委員は、住民に関する情報に基づいて日常の見守り活動などを行っていました。しかし同法の施行後は、この第三者提供の制限による影響で、行政が社協や民生委員に対して一人暮らし高齢者などの個人情報の提供を拒否する事態が、当初から相当起きました。

　このような情勢もふまえて、地域福祉の関係者が個人情報を取得する際には、その利用する内容を特定し、それ以外には利用しない旨を対象者に明示する対応が広まりました。また、そうした個人情報を取得するときは、文書でもって利用目的の明示を行ったり、さらに個人情報の台帳記載や活用内容は、本人の同意が得られるものに限るとしたりする対処も、地域福祉の関係者で図られています。

（3）例外の規定と今後の対応

　以上のような地域福祉における対応の理由には、個人情報保護法の第15条が個人情報の取り扱いに当たって、利用目的をできるかぎり特定することを求めている点があります。それを前提として、同法の第16条1項では、第15条で特定した利用目的の達成に必要な範囲を超えて、個人情報を取り扱ってはならないとする注意点も地域福祉の現場では配慮されています。

　けれども例外として次の場合などでは、利用目的の達成に必要な範囲を超えた個人情報の活用ができるとされています。

　① あらかじめ本人の同意がある場合（法第16条1項）
　② 人の生命、身体又は財産の保護のために必要がある場合であって、本人の同意を得ることが困難であるとき（法第16条3項2号）
　③ 公衆衛生の向上または児童の健全な育成の推進のために特に必要がある場合であって、本人の同意を得ることが困難であるとき（法第16条3項3号）

個人情報保護法の理念からいえば、このような利用制限の例外規定を適用す

るに当たっては、できる限り本人の同意を取るべきことになります。

　ただし、一人ひとりの同意を得ている時間がない緊急時の場合も想定し、②などで応じる対策も考えておく必要があります。これに関しては国も、厚生労働省6課長通知『要援護者に係る情報を把握・共有及び安否確認等の円滑な実施について』（平成19年8月10日）において、「手上げ方式」「同意方式」のほかに要援護者本人から同意を得ない場合は、地方自治体が定めた個人情報保護条例によって保有する個人情報の目的外使用・第三者提供を可能にする「関係機関共有方式」というあり方を示しています。

　地域での孤独死の対策が急務となっている現在、小地域の活動拠点で個人情報が安全に管理されていることを前提にし、地域のさまざまなアウトリーチの実践者に応じた情報を記載した名簿などが関係機関共有方式で提供され、住民のプライバシー保護に配慮しつつ、有効な地域福祉活動を進めていく対応が求められます。

【参考】
岡村久道（2010）『個人情報保護法の知識・第2版』日本経済新聞出版社。

11章 地域福祉の組織化を展開する I
―― 地域の組織化の機能

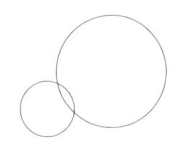

〈方法の概要〉

11章では、地域福祉の組織化活動における「地域の組織化」の内容を理解します。そのうえで、地域の組織化のなかでも当事者の組織化に注目し、この組織化を三つに類型化して、それぞれの機能をまとめていきます。

さらに、地域の組織化の実践基盤となる活動組織において、地縁型の活動組織とテーマ型の活動組織がどのような特性をもつのかを論じます。最終的に、適切なコミュニティを対象化して両者が連携や協働を図る大切さを述べ、その拠点として公民館が重要な位置を占めることを指摘します。

◆

Key Words：当事者の組織化、福祉委員、リゾーム、公民館

1節　地域福祉の組織化とその機能

（1）二つの組織化論の違い

　地域福祉の目的の構成要素（地域社会での基盤整備）である「社会関係の維持」「当事者の自立」「知識情報の共有」「実践の組織化」は、それぞれ個別に取り組むのではなく、一体的な実践を図るべきものです。そうした実践を戦略的に展開していくために、ロスマンの方法モデルにおけるモデルＡ（地域開発）とモデルＢ（社会計画／政策）の混合を意識し、地域福祉計画の実施計画では地域福祉としての組織化活動を企画することが大切です。

　本章では、このような地域福祉の組織化の機能を認識したうえで、これからの実践のあり方を考察します。その前提として、2章で説明した「ニーズ・資源調整説」「インターグループ・ワーク説」「統合化説」のＣＯ論をふまえ、次の岡村重夫と全社協による組織化論の違いを理解します。

1）岡村重夫による組織化論

　岡村重夫（1974：62-101）は、地域福祉の構成要素として、「コミュニティ・ケア」「一般的地域組織化と福祉組織化」「予防的社会福祉」をあげ、この三要素と地域福祉活動の各対象者の分野を組み合わせることで、地域福祉の全分野が展望できるとした。そのうえで、地域福祉にとって望ましい地域社会構造や、社会関係を作り出す地域組織化活動を展開する基盤となるコミュニティ型地域社会の形成を一般的地域組織化と規定した。これに対して、福祉コミュニティの形成を目的とする福祉組織化を理論化し、前者の組織化が目的とする地域コミュニティに対して、後者の組織化が目的とする福祉コミュニティは下位コミュニティとして位置するが、両者の間には密接な協力関係があるべきとした。

2）全社協による組織化論

1980年代に入って全社協は、地域福祉の内容を整理するなかで、組織化活動の考え方を「地域組織化」と「福祉組織化」に分類した。これは岡村の組織化論に、ニーズ・資源調整説とインターグループ・ワーク説を組織化活動の方法として組み合わせて、再構成したものと理解される。

地域組織化は、住民の福祉への参加や協力、さらに意識や態度の変容を図りつつ、福祉コミュニティの形成を目標とする概念となる。一方、福祉組織化は、福祉サービスの組織化と調整、またこうしたサービスの供給体制の整備や効果的な運営を目標とする概念となる。これらの社会資源を効率的に活用するための関係機関・団体間の連絡調整やそのためのシステムの構築も、福祉組織化の実践となる。

全社協による地域組織化と福祉組織化の区分は、岡村による用語をそのまま使用しつつ異なった定義をしたため、当初に混乱を招きました（永田 1998：44）。このため両者を統合した形で、地域福祉の組織化として述べる論者もいます。しかしながら、狭義の地域福祉の方法が多様化し、広義の地域福祉の対象が多角化している現在、組織化活動を地域と福祉に大別するのは把握しやすい面もあるので、本書でも導入として「地域の組織化」と「福祉の組織化」の用語を用います。

9章で前述したように組織化活動は、地域福祉の未来像を具体化する構成要素としての意義をもちます。そこでは、ノーマライゼーションの理念が生かされた、住民一人ひとりを大切にする福祉のまちづくりの目的が前提としてあります。本章では、その目的に応じた地域の組織化の機能を注視し、そのうえで地域福祉の未来像を求めていく技術として論じていきます。

（2）社会運動系の組織化と機能

先述した全社協による組織論に従って、主要な地域の組織化として当事者の組織化を取り上げ、その変遷と機能について述べます。社会福祉の発達史を

みると、日本の当事者の組織化は、およそ次の三つに類型化することができます。
　① 社会運動系の組織化
　② 地域福祉系の組織化
　③ セルフヘルプ・グループの組織化

　①の社会運動系の組織化は、太平洋戦争後の間もない日本で、社会福祉六法を制定するうえで重要な役割を果たした福祉団体がいくつかありました[1]。

　また戦後の社会変動のなかで、障害者自身の組織化活動もさまざまな変遷を経てきました。そうした障害者が主導した社会運動によって提起されてきた問題意識は、今日において**障害学**という学問の形となって検証されています。

　共生を考えるうえで障害学の知見は、地域福祉においても意義を有しています。全体をみて社会運動系の組織化は、ソーシャル・アクションのダイナミズムをもって特定の課題に関しての社会変革から、一般の住民の意識変容へと目標を広げて活動することを機能としています。

(3) 地域福祉系の組織化と機能

　②の地域福祉系の組織化は、一人暮らし老人・認知症や寝たきり高齢者の介護者・父子家庭・難病者などのエンパワーメントを要する当事者の組織化が該当します。こうした当事者の多くは地域で孤立しているために、1970年代以降、地域福祉や地域保健の関係者が対応を図ってきました[2]。

　このような組織化の機能としては、次に述べる三点をあげることができます。

1) 場と社会的に生きる力の獲得

　地域で同じ悩みや問題を抱えた人々が、当事者の組織化によって出会いと共

障害学：長瀬修は障害学について、「障害者すなわち障害者福祉の対象」という枠組からの脱却をめざす試みであり、社会が障害者に対して設けている障壁と障害の経験の肯定的側面に目を向けて、障害者がもつ独自の価値や文化を探る視点を確立するものと述べている（石川・長瀬 1999：11-12）。

感の「場」を得ることができる。そうした場で当事者が共に話し合い、お互いを支えあう関係を築いて「社会的に生きる力」を獲得し、当事者自身が問題解決の能力を高めていくことが可能となる。

2）制度やサービスの改善への展開
　当事者を組織化することで、福祉や保健などの制度やサービスに関する知識や情報の交換が活発になる。これによって、関係する制度やサービスの効果的な活用とあり方について当事者自身が前向きに考え、その改善に必要な課題を抽出することができ、さらに運営についても提言できる力量が醸成される。

3）地域社会の一員としての連帯
　当事者の組織化が一定の段階を過ぎると、住民と相互作用しあう関係を築きながら、当事者の自立生活をより進展させることが課題となる。そのためには、当事者が地域社会の一員として連帯することを意識しつつ、住民と対等・平等な関係を構築するためのソーシャルワーク・アドボカシーの実践が必要となる。

　以上のようなソーシャルワーク・アドボカシーを実践するうえで、地域福祉系の組織化を図ることは、重要な基盤整備の一つになります。こうした場を確保して「クライエントの権利擁護のために対抗すること」が、当事者を支援するコミュニティワーカーの課題にもなっていきます。

（4）セルフヘルプ・グループの組織化と機能
　セルフヘルプ・グループ（以下、ＳＨＧと略）とは、共通する問題や課題を抱えている本人や家族（当事者）が、同じ問題や課題を抱えている人を仲間として、相互支援を行う集団を意味します。その歴史的な源流は、1935年にアメリカ人のボブ・スミスとビル・ウィルソンの二人のアルコール依存症者によって始められた、アルコホーリックス・アノニマス（Alcoholics Anonymous：ＡＡ）まで遡ることができます。

アノニマスの語句が「匿名の」という意味を表わすように、こうしたＡＡは必ずしも本名を名乗らずにアルコール依存症者が集い、体験を語り合う自助グループとして結成されました。そして自分と同じ体験をもつ仲間の話を聞き、自分も正直な気持ちを話す会合を続け、依存症からの回復をめざす活動を実践し、今日のＳＨＧ活動の原型を確立しました。

日本では、前述した社会運動系の組織化や地域福祉系の組織化をＳＨＧの萌芽とみる識者もいます。それはある面で正しいのですが、本書では、1980年代以降のＳＨＧを別の機能をもつ組織として位置づけます。これに対して、先行して展開していた地域福祉系の組織化活動には、次のような側面が特性としてありました。

① 要援護者の「相互援助」を目的とする。
② そのために、要援護者のニーズを専門職が的確に把握する。
③ できる限り要援護者を集めたうえで、関係する専門職が積極的に関与する。

しかしこうした方法論であると、結果的に地域で多数を占める要援護者しか対象とならないことが明らかになってきました。そのため1980年代以降、次のような課題への対応を図るために、ＳＨＧの実践が注目されてきました。

① いかに少数派の要援護者を組織化するか。
② いかに集まるのにスティグマがある要援護者を組織化するか。

地域福祉系の組織化と比較すると、ＳＨＧはその機能の多くが重なります。まず「場と社会的に生きる力の獲得」は、両者で共有されます。けれども地域福祉系の組織化以上に、ＳＨＧでは当事者同士の会合（meeting）が重視され、そこで構成メンバーが経験を出しあった「集合的な経験に基づく知識」（collective experiential knowledge）が共有されて機能として働きます。そうした体験的な知識は、各自が問題解決の方法を着想するうえでの基礎となります。

またＳＨＧの実践では、「社会的に生きる力の獲得」もヘルパー・セラピィ原則（他者を援助することで、自分も援助を受ける）として同様の意味づけがされています。ただヘルパー・セラピィ原則では、スティグマをもつ要援護者で組

織されているSHGにおける共感をともなう内的な理解が、構成メンバーに援助者としての役割をより効果的に機能させています。このようなSHGの構成メンバーを援助の客体にとどまらず、主体として活動を展開させていく機能を社会システムとして確立することが、地域福祉の今日的な課題となっています。

　以上をまとめますと、SHGの組織化における主要な機能は「社会的に孤立して**アイデンティティ**が損なわれたスティグマをもつ少数の要援護者が、地域に場を確保して相互扶助的に自立を志向するダイナミズム」にあるといえます。

2節　小地域福祉活動における基盤強化

（1）セルフヘルプ・クリアリングハウスの機能

　共通の悩みをもつ者が二人以上いることが、SHG実践の要件となります。そこでは、いつでも会える近隣地区を単位としながら、定期的に会合を開く「場」を必要とします。生きづらさという共通の体験をもつ構成メンバーが、同様の体験をしている人の前で、自分の思いを打ち明ける場があることが、SHG実践では求められます。けれども近隣地区の場で、財政的に脆弱なSHGの組織が定期的な会合を開くのは、現実には相当の困難があります。

　このような困難を抱えたSHGが活動するためには、さまざまな支援が不可欠となります。生きづらさを抱える人にグループを紹介し、人とグループを結びつける活動を行ったり、またこれからグループを作ろうとする人や、各グループのリーダーや専門職が集まって、体験や情報を交換しあったりする場を提供する機関としては、セルフヘルプ・クリアリングハウス（Self-help Clearinghouse）

アイデンティティ（identity）：エリクソン（Erikson, E.）が概念化したアイデンティティ（自我同一性）については、「自分が確実な未来に向かって有効な手段を学びつつあり、社会的現実の中で明確に定義された自己に発達しつつある1つの確信」と規定されている。
　そうしたアイデンティティは、「真の業績――すなわち、その文化の中で意味のあることを成しとげること――が誠意をもって、かつ終始一貫して認められることにより、初めて真の強さを獲得する」と説明されている（Erikson =1977：302-303）。

があります[3)]。この社会資源の機能としては、次の三点があげられます。
　① メンバーに対する支援
　② 社会的な理解の促進
　③ グループへの直接的な支援

　これらの機能は、社協の機能とも相通じます。けれども地域福祉系の組織化では、どの問題に関しての組織づくりを支援するかの決定権は社協が有します。それに対してＳＨＧの設立支援において、どのような問題についてのグループを結成するかの選択権は、セルフヘルプ・クリアリングハウスではなく当事者側にあります（応答性の原則）。そこでは、住民の側からのグループづくりの要求に応える形での支援をする点で、社協の機能とは一定の区分がされます。

　以上のように、①社会運動系の組織化、②地域福祉系の組織化、③ＳＨＧの組織化、に類型化した当事者の組織化において、地域で多数を占める当事者と依然として少数派の当事者を、どのようにバランスをもって組織化を進めるかが地域福祉の課題としてあります。ソーシャル・インクルージョンの理念が強調される近年では、特に少数派の当事者に対しての配慮が、そうした判断に求められています。

（2）小地域福祉活動の基盤整備

　6章で前述したように、平成の大合併によって自治体が広域化し、さらに少子高齢化と過疎化が進行して「民生委員のなり手がいない」ともいわれる情勢で、地域再生の主体が住民であると強調するのも困難な状況になっています。

　これまで地域の組織化において、小地域福祉活動の基盤整備を論じる際には、校区や地区に設置する小地域社協に焦点を当てていました。そうした社協では、福祉活動を綿密に行うために住民から**福祉委員**を委嘱し、次のような役割を示して実践をしてきました。

　① 身近なアウトリーチの実践者として、一人暮らし高齢者などの見守り活動に従事するとともに、そうした要援護者の良き相談相手となる。
　② 小地域での福祉ニーズを把握し、民生児童委員や自治会長などに連絡・

調整をする。
③　関係機関からの福祉情報を知らせたり、福祉サービスの利用を勧めたりして、要援護者の生活を支援する。
④　住民の福祉活動への理解や参加を促進し、地域ボランティアの養成やその活動の支援をする。
⑤　関係機関と協働して小地域福祉活動の基盤強化を進める一方、小地域レベルの地域福祉活動計画の策定や提言を図る。

　上記のような小地域福祉活動では、住民参加において多くの利点があるとして、都市部が広い自治体では小学校区というスモール・コミュニティを範域としていました。しかし中山間地域を多く抱える自治体では、コミュニティの基盤は自治会や行政区もしくは集落などが多く、そして公民館を拠点とした地区の場合が一般的です。

　都市部に多い校区社協などであると、学校の廃校がコミュニティ再編の契機となります。けれども自治会などの行政区をコミュニティの基盤とする場合は、関係者が必要性を感じていても、コミュニティの再編は容易ではありません。

　このような事情もあって、地方自治体が主導的に自治基本条例の制定を図り、何らかの地域自治組織を強化していく動きが全国的に広まっています。そうした自治体では、コミュニティ協議会やまちづくり協議会などを組織化し、そこを基盤として市町村社協と協働するあり方が模索されています。

　1991（平成3）年4月に、地方自治法の一部を改正する法律が施行され、一定の手続きの下に町内会や自治会が法人格を取得できるようになりました。これによって、地縁による団体である町内会や自治会が、その団体名で不動産などを登記する道が開かれました。最近では、特定非営利活動法人や**一般法人**などの法人格を取得して福祉部などを設置・強化し、コミュニティ・ビジネスと

福祉委員：福祉委員や福祉協力員は法律に基づいた制度ではなく、自治体の条例や社協の設置要綱を根拠として、市町村単位で自治体や社協が委嘱して小地域に配置されるボランティアである。一般的に2～3年の任期が定められて地域で一定の世帯を担当し、民生児童委員と連携や協働をしながら、地域での見守りや相談支援などの活動に従事している。

いった収益事業を展開している町内会や自治会も出てきています[4]）。

3節　地域の組織化での新たな協働

（1）実践のリゾーム的な展開

　三つに類型化した当事者の組織化の機能を再整理しますと、まず社会運動系の組織化の機能は、特定の課題の社会変革から一般の住民の意識変容へと目標を広げて活動するものでした。そして地域福祉系の組織化の機能は、「場と社会的に生きる力の獲得」「制度やサービスの改善への展開」「地域社会の一員としての連帯」に集約できました。最後にＳＨＧの機能は、社会的に孤立してアイデンティティが損なわれたスティグマをもつ少数の要援護者が、地域に場を確保して相互扶助的に自立を志向するダイナミズムにありました。

　これらの組織化の機能には、次の二つの側面があると考察できます。

①　個人としての自己実現を図る側面
②　社会関係のなかで、自らの存在意義を確認しようとする側面

　冒頭で述べたように、地域福祉に必要な地域社会での基盤整備である「社会関係の維持」「当事者の自立」「知識情報の共有」「実践の組織化」は、一体的に実践すべきものとなります。そこで、上記の組織化の機能の側面を考慮しながら、これに適合した実践の組織化を、どのようにして一体的に図るかが焦点となります。

　地縁型の活動組織である自治会や社協などと、テーマ型の活動組織であるＮ

一般法人：2008（平成20）年12月に施行された新しい公益法人制度により、「一般法人」と呼ばれる法人が設立できるようになった。同法人では、事業によって得た利益を構成員や出資者で分配することはできないが、法人の活動費などへの使用はできる。構成員は二人以上で、設立時に確保すべき財産の要件もないため、特定非営利活動法人（ＮＰＯ法人）よりも設立が容易である。さらに公益性の高い法人をめざす場合は、一般法人から「公益法人」へと移行することになる。そのためには、行政庁に申請をして公益認定を受ける必要があるが、認定後は税法上の優遇措置が受けられる。

ＮＰＯやＳＨＧなどが協働することの重要性は、さまざまな識者によって論じられています。本書でも６章において、分権的な自治の単位としての地域だけではなく、脱地域的な実践の広がりを認識して、コミュニティの新たな共同性を考えることが地域福祉の課題である点を述べました。そのうえで、コミュニティワーク実践では、「住民の帰属意識」「要援護者のニーズ」「実践者の活動範域」の三つからとらえるコミュニティを対象化することの必要性を指摘しました。

この対象化した三つのコミュニティで、地縁型の活動組織とテーマ型の活動組織を組み合わせることが、地域の組織化の今日的な課題です。そこで、後者のテーマ型の活動組織は、**リゾーム**的に実践が展開する傾向がある点を注視します。このリゾームの概念について今田高俊（1994：120）は、次のように説明しています。

> リゾームとは、未完の差異の運動体であり閉じていない。差異のダイナミクスがあるだけで、決して安定した状態を取らない。これにたいし、ネットワークは諸要素の多元的な結びつきと統一をめざしている点で、近代の発想の延長線上にある。リゾームとはいわば、ネットワークに絡みついて、その間接はずしをするような運動体である。このリゾームをネットワークに差し込む原理こそが、新たな社会編成の原理だといえる。

ＮＰＯやＳＨＧは、一つのテーマを掲げて活動を展開する傾向（シングル・イッシュー化）があり、それに加えてインターネットの普及が脱地域的な活動を後押ししています。そのため、これらはリゾーム的に生成・発展している実践主体であると判断することができます。

このようなリゾーム的に生成・発展しているＮＰＯやＳＨＧと地縁型の自治会や社協とが、「住民の帰属意識」「要援護者のニーズ」「実践者の活動範域」からコミュニティを対象化し、両者の協働を模索するための構図（福祉コミュニ

リゾーム（rhizome）：本来、植物の根茎を意味する語であるが、今日ではドゥルーズ（Deleuze, G）とガタリ（Guattari, F.）が概念化した哲学用語として知られている。それは制度や組織が、樹木の根茎のように相互に関連しあって多様性のある状態を意味する。言い換えると、樹木のように階層的な秩序が枝分かれし、中心も始まりも終わりもなく多方に錯綜する構造に対して、リゾームという用語が使われる。

ティ形成の構想）を示したものが、図表11 - 1 となります。

　これまでの地域福祉では「身近な」というテーマが尊重され、小地域福祉活動の基盤づくりを地域の組織化でも重視してきました。小学校区などの小地域は住民が参加しやすい単位とされ、そこでモデル事業を実施したり、あるいは小地域レベルでの地域福祉活動計画などを策定したりすることが、これからの地域福祉のあるべき方向性であるとも論評されました。このような地域の組織化は、「合理主義的パラダイム」をもった組織化と規定することができます。そうした合理主義的パラダイムでの地域の組織化は、地域社会の抱える福祉課題が比較的に明確で予測可能であり、そして地域福祉の実践主体も同一の組織に関係している場合にうまく機能します。

　その一方で、ＮＰＯやＳＨＧなどの多様化している地域福祉の実践主体は、行政の区域にこだわる意思をもたずに、掲げた目標に従ってコミュニティを対象化することに意味を見いだす活動を展開しています。このような地域の組織化は、「プロセス志向的パラダイム」をもった組織化と規定することができます。

　図表11 - 1 は、地域の組織化における合理主義的パラダイムの活動とプロセス志向的パラダイムの活動が、どのように対象化した三つのコミュニティで地域福祉のダイナミズムを発揮させるのかを考える戦略図にもなっています。

　これまでの地域福祉計画の策定主体が、ともすれば合理主義的パラダイムに偏りがちになり、リゾーム的に生成・発展している地域福祉の実践に対し、その行為や関係の「手段性」だけを取り込もうと意図して、こうした実践主体から反発を招いた事例が多くあります。そうならないためにも、両者の組織がもつ機能の相互作用を図る場を設定し、これらの組織が協働できる施策や事業を

パラダイム：1962年にアメリカの科学史家クーン（kuhn, T. S.）が創唱した概念であり、「広く人々に受け入れられている業績で、一定の期間、科学者に、自然に対する問い方と答え方の手本を与えるものである」と定義される。この概念は理解の枠組とも解釈されて広まったが、一定のパラダイムに基づく研究は、そのパラダイムでは説明できない問題を発生させて危機をもたらした。そのために現在の諸科学では、頻繁にパラダイム転換が持ち上がっている。

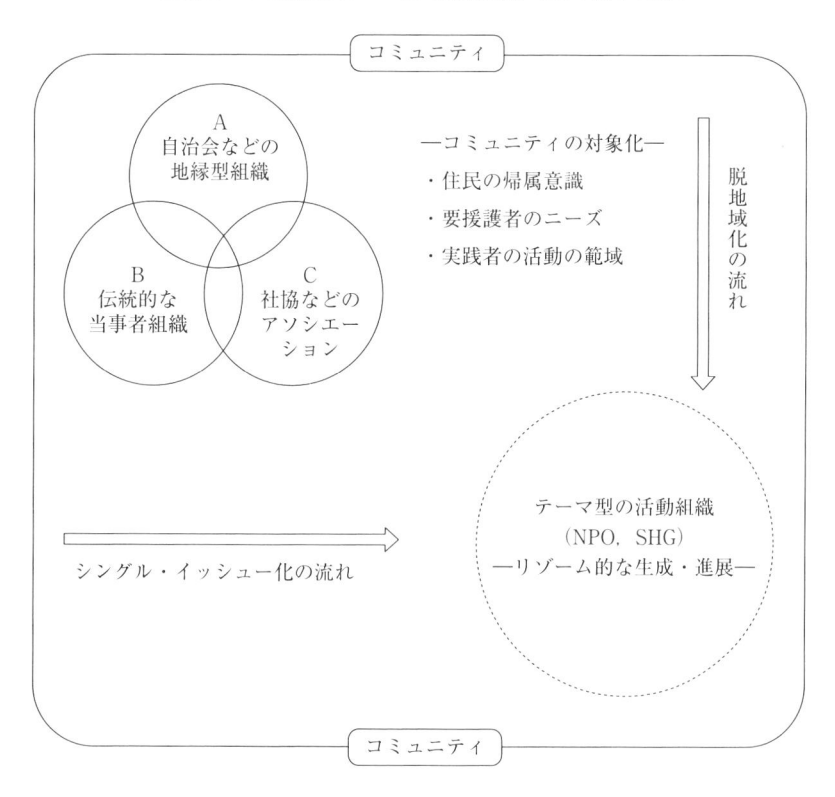

図表11-1　地縁型とテーマ型の活動組織における協働の構図

```
                    コミュニティ
    ┌─────────────────────────────────────┐
    │         A                            │
    │    自治会などの                       │
    │    地縁型組織        ─コミュニティの対象化─    脱
    │                      ・住民の帰属意識            地
    │   B        C         ・要援護者のニーズ          域
    │ 伝統的な  社協などの   ・実践者の活動の範域       化
    │ 当事者組織 アソシエー                            の
    │           ション                                 流
    │                                                 れ
    │                              ┌─────┐          ↓
    │                              │テーマ型の│
    │                              │活動組織  │
    │                              │(NPO, SHG)│
    │                              │─リゾーム的│
    │                              │な生成・進展│
    │                              └─────┘
    │  ────────────────→
    │   シングル・イッシュー化の流れ
    │                    コミュニティ
    └─────────────────────────────────────┘
```

構想することが重要です。

（2）知識情報の共有と公民館

　一体的に実践すべきであるとした、地域福祉の基盤整備である「社会関係の維持」「当事者の自立」「知識情報の共有」「実践の組織化」は、合理主義的パラダイムとプロセス志向的パラダイムをもった二つの地域の組織化が連携や協働を図ることで、その進展が見込めるというのが本章の結論となります。

　ただし、知識情報の共有に関しては、それを小地域から自治体全域へと双方向的に機能させるには別の戦略が必要です。こうした機能を強化するために、地域の組織化と社会教育との融合を図ることが先駆的に実践されています。それ

は地方分権の名目をもって、地方再生の拠点として公民館を位置づけ、住民やNPOと運営においても連携しながら、コミュニティ施設として活用する動きとなっています[5]。

公民館に法的根拠を与えた社会教育法は1949（昭和24）年に制定され、その第20条には次のように書かれています。

> 公民館は、市町村その他一定区域内の住民のために、実際生活に即する教育、学術及び文化に関する各種の事業を行い、もって住民の教養の向上、健康の増進、情操の純化を図り、生活文化の振興、社会福祉の増進に寄与することを目的とする。

しかしながら、同法が目的で示したような諸目的を融合した総合的な地域施設としての公民館像から離れ、実際は社会教育や文化活動の機能を主に担う公民館の運営が主軸となりました（松田 2007：71）。

現在、少子高齢化が進む地方都市では、多くの住民が加入して生活に密着した単位である自治会と、その自治会が広域的に連携する単位である公民館地区のあり方について見直しが進んでいます。福祉サービスや福祉制度の利用促進を図るためにも「知識情報の共有」の基盤整備を推進し、地域福祉の拠点として公民館を位置づけることは意義があります。そのうえで、市区町村社協やNPOなどの協働の場としても公民館を活用し、地域福祉と社会教育との融合を進めることでコミュニティの再生を図る戦略が求められるのです。

> ### 11章のまとめ
>
> ① 合理主義的パラダイムとプロセス志向的パラダイムの両組織化における連携や協働を進めるには、二つの要素が必要です。一つは手段的要素というべきものであり、両者の組織化の意義を同等に評価したうえで、連携や協働の目標をとらえて相互作用を促す自治体レベルでの**中間支援の機能をもつ組織**の存在です。こうした中間支援の組織は「市民公益」を目標に掲げ、各種の組織や団体との連携を図ることを目的とします。
>
> ② もう一つは、住民の主体的要素というべきもので、両者による組織化の価値を認めて、両方の組織に参加したり、あるいは賛同したりする地域住民の存在です。そのような主体的な住民参加のすそ野の広がりが、両者の連携や協働に展望を与える下地となります。

【注】

1) 現在の社会福祉法人「全日本手をつなぐ育成会」は、知的障害児をもつ母親三人が提唱して、1952（昭和27）年に精神薄弱児育成会が設立されたのを母体としている。その後、各都道府県に育成会が結成され、これらが団結して1955（同30）年に全国精神薄弱者育成会として社団法人格を取得した。そして1958（同33）年に福祉施設を開設し、さらに法律制定運動を展開して1960（同35）年の精神薄弱者福祉法（現、知的障害者福祉法）の成立に貢献した。

　　　財団法人「全国母子寡婦福祉団体協議会」は、1950（昭和25）年に結成された全国未亡人協議会を母体としている。その設立後、母子福祉総合法の制定の運動を開始し、5万人の請願署名を集めて国会に提出するなど活発な社会運動を展開して、1964（同39）年の母子福祉法（現、母子及び寡婦福祉法）の成立に貢献した。

2) 一人暮らし老人の会の組織化は、1977（昭和52）年3月に京都府の宇治市社協の支援を得て、初めて結成された。また現在の社団法人「認知症の人と家族の会」は、1980（同55）年に結成された呆け老人をかかえる家族の会を母体とし、認知症に関わる当事者を中心とした全国的な民間団体として、認知症の本人・介護者家族・認知症の介護に携わる専門職や研究者、ボラン

中間支援の組織：1998（平成10）年3月に成立した特定非営利活動促進法（NPO法）では、不特定かつ多数の人達の利益増進に寄与することを目的としている17分野の活動を特定非営利活動としている。そのなかで「これらの各号に掲げる活動を行う団体の運営又は活動に関する連絡、助言又は援助の活動」と位置づけている対象は、中間支援の組織（サポートセンター）を指している。

ティアなどで会員組織を構成している。
3）クリアリングという語には、「情報交換所」という意味がある。最初のセルフヘルプ・クリアリングハウスは、1964年にアメリカのネブラスカ州にできたネブラスカ・セルフヘルプ情報サービス（the Information Service of Nebraska）であるとされている。日本では、1993（平成5）年に大阪セルフヘルプ支援センターが発足したのが最初となる。
4）一例として、2004（平成16）年4月に大阪府羽曳野市で設立された「特定非営利活動法人 羽曳が丘E＆L」がある。この羽曳が丘E＆Lは、羽曳が丘町会連合会を母体として結成され、広域の自治会を対象にして誕生した「自治型NPO」として注目された。内部組織として環境部・管理部・生活部が置かれ、生活部においては、高齢者福祉活動・子育て支援活動・配食サービス事業・青少年健全育成・地域の安全防災といった活動に取り組んでいる。
5）1999（平成11）年の社会教育法の改正により、公民館運営協議会の必置制の廃止及び市町村議会議員などの委嘱規定の撤廃といった、委員の委嘱規定の弾力化が図られた。この改正によって公民館運営協議会は、地域の実情や住民の意思をより公民館運営に反映できる組織や委員による審議が可能となった。

12章 地域福祉の組織化を展開するⅡ
―― 福祉の組織化の機能

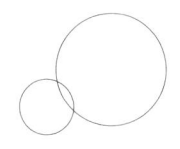

〈方法の概要〉

 5章で述べたように、福祉の組織化とは福祉サービスの組織化や調整を行い、さらにこれらのサービスの供給体制の整備や効果的な運営を目標とする概念になります。そうした組織化を展開するうえで、焦点となる技術はネットワークです。

 本章では、ネットワークとネットワーキング（networking）の考え方の違いを把握し、これまでの福祉ネットワークで進められてきた方法とそれが抱える問題点を理解しながら、個人の主体形成へとつながる福祉ネットワーキングのあり方を展望していきます。

◆

Key Words：ネットワーキング、ソーシャル・サポート・ネットワーク、福祉ネットワークの失敗

1節　福祉ネットワークの機能と失敗

（1）福祉ネットワークの基礎Ⅰ——レベル

　ネットワークは、16世紀中頃の英語圏での「糸や網、またはそれに似たものをもって網の形に仕上げた細工」が語源であり、その後「川・運河・鉄道、あるいは無線送信局などの複合的構造」を意味する言葉としても使われました。近代に入ってネットワークは、上記にとどまらない多義的な用語となり、社会学では社会的ネットワークがテーマとなって、血縁や地縁とは異なる個人を原点とした社会環境での構造的な組み合わせとして研究されています。

　注目すべき展開は、アメリカの市民運動論のアプローチから「ネットワーキング」のプロセス概念が示されたことです。これは地域社会のなかで生活者としての権利の確立と生活圏域の拡充をめざす考え方であり、コミュニティ・ディベロップメントとの関連性をもって追究されています。その視点でもって書かれたリップナックとスタンプスの共著『ネットワーキング——最初の報告と手引き』（1982）は、世界各国に影響を与えました。

　同書は「ネットワークとは、われわれを結びつけ、活動、希望、理想の分かち合いを可能にするリンクである。ネットワーキングとは、他人とのつながりを形成するプロセスである」（Lipnack and Stamps =1984：23）との書き出しで始まり、効率性や利便性の追求を優先してきた社会に対抗するために、ネットワークを超えたものとして自己変革性をもつネットワーキングの有用性を論じています。言い換えると、ネットワーキングは、社会的な変容と発展を目標として個人・集団・組織・機関などを組織化していくアプローチとなります。

　しかしながら、日本の社会福祉におけるネットワーク（以下、福祉ネットワークと略）は、施策の遂行を主な目的とした諸機関の連携で完結してきました。そこでは、要援護者のニーズが多様化した状況を背景にした、医療・保健・福祉の包括的なネットワークの構築がテーマとなりました。このために基礎自治体では、老人福祉を中心に行政主導型の福祉ネットワークが数多く形成されまし

た。その一方で、地域での在宅生活を支えることを目的とした、**ソーシャル・サポート・ネットワーク**の方法論が注目され、インフォーマルな問題解決の機能も強調されています。

　本章では、多義的な用語であるネットワークと多元的な展開をしているネットワーキングについて、その機能を一定の範疇に規定することを試みます。そのために、まず福祉の組織化の中心を占める福祉ネットワークの概要を述べていきます。

　これまでの福祉ネットワークの研究では、静態的なレベル設定をしてから、その有効性を考えることに関心を向けていました。牧里毎治（1993：233）は、次の三つのネットワークのレベル設定をして、各々の構成要素を指摘しています。

① 個人に焦点を置いたパーソナルなミクロ・ネットワーク
② 当事者組織や仲間集団を意味するメゾ・ネットワーク
③ 社会制度的な組織の連携を指すマクロ・ネットワーク

　牧里が地域福祉実践の場でのレベル設定をしたのに対して、松原一郎（1993：64）は、次の三つのレベルで福祉サービスが展開するネットワークを設定しています。

① 処遇面での技術的側面が焦点となるクライエント・レベル
② 特定の個人よりも同一のニーズを有する地域社会の集合的特質をアプローチの対象とするプログラム・レベル
③ 個々の政策の整合と調整を行うポリシー・レベル

　両者のネットワークのレベル設定は、ほぼ近似しています。このように福祉ネットワークは、ニーズ発生の場（家族とそれを包摂する近隣を含む生活拠点）をとらえつつ、そこでのニーズを充足するために、ミクロからマクロに至る生活圏

ソーシャル・サポート・ネットワーク（Social Support Networks）：1970年代以降、欧米の精神衛生・保健・社会福祉の領域で注目されてきた理論的・実践的アプローチである。一般的には、フォーマルな援助ネットワークを補完するような個人を取り巻く家族・親族・友人・隣人といった、定期的な交流をもつ人々により構成されるインフォーマルな援助ネットワークを強調する概念となる。日本では、ケアマネジメントを進める技術的対象としても重視されている。

域にある社会資源の連携を図る援助技術であると解釈できます。

（2）福祉ネットワークの基礎Ⅱ——機能

こうした福祉ネットワークを形成するには、コミュニティワークの実践に基づいて問題を発見し、地域の診断を行うことが前提となります。その判断を基礎として、問題解決に関わる関係機関に対して福祉ネットワークの機能を確認します。そうした機能は、次の三つに集約されます。

① 緊急性に対応する機能

当事者が自力で解決できないニーズ充足の問題や、他の当事者と比較して早期解決の必要性が極めて高い問題に対応する。

② 普遍性に対応する機能

地域社会において、普遍的な対処ができていない福祉問題へ対応する。

③ 固有性に対応する機能

特定の当事者が抱える固有のニーズに対し、関係する社会資源による連携で対応する。

具体例をあげると、①では一人暮らし高齢者の孤独死や介護者家族の共倒れを防ぐような緊急対応の体制を確立する機能があります。そこでは、24時間の対応を要する状況も想定されます。

次の②では、「要援護者に対する格差のない対応」と「地域での格差のない対応」の両方が含まれます。前者では、ある階層の対象者が抱える生活課題に対し、その要因などの除去を図る連携があります。後者においては、合併後の広域化した自治体全域での地域福祉の基盤整備があります。

最後の③は、これまであまり対象としてこなかった要援護者の生活に密着しながら予防を図ったり、あるいは他の社会資源と連携することで新たな施策を展開したりして、問題解決を図る機能があります。

以上のように福祉ネットワークの機能は、住民の生活実態や当事者が抱える問題の特性を把握したうえで、地域の社会資源の統合化や再編を図ることで関連するサービスがより効果をあげる働きをするものと理解できます。

（3）福祉ネットワークの形成

次に福祉ネットワークは、どのような方法で形成するのかを説明します。前述したように福祉ネットワークの形成は、コミュニティワーク実践での問題の発見と地域の診断を前提とします。そこから先の過程について、標準的なソーシャル・サポート・ネットワークの形成を一例として手順を述べます。

第一段階：構想——対象とキーパーソンの設定

福祉ネットワークを形成するうえで、要援護者の何のニーズや問題を対象とするのかを決定する。そのうえで、この福祉ネットワークは自治体の全地域的に形成するのか、それともモデル地区を指定してから他の地区へと拡充していくかの範域の戦略を検討する。さらに、福祉ネットワーク形成でのキーパーソン（当事者・社協職員・保健師など）を想定する。

第二段階：準備——状況と資源の把握

範域の戦略を決定したら、その範域における要援護者や世帯の情報（数・分布・生活困難の状況など）を再確認する。また福祉ネットワークの推進とともに、要援護者の情報を蓄積していけるカルテ化した記入様式も準備する。

これに並行して、該当する自治体内における社会資源の力量も把握する。そこでは、関連する制度や施策、関係機関などの資源一覧を作成していく。さらに、社協の既存事業やＮＰＯ・ボランティア団体の組織化の現況、当事者組織や民生児童委員の活動状況などといった、地域福祉のインフォーマルな資源に関する力量も掌握する。

第三段階：構築——インターグループ・ワークと基盤の強化

以上の資料の準備ができたら、福祉ネットワークの構築に向かって働きかける。インターグループ・ワークの技法に基づいて、「○○ネットワーク推進協議会」などの新たな組織化を必要に応じて図る。こうした協議会の場を通じて、関係機関や組織、各種団体は話し合いを重ね、福祉ネットワークの目標達成に向

けての連携を深めていく。また広報活動も展開して、福祉ネットワークに対する住民の関心を喚起し、新しい支援者や組織・団体を掘り起こしながら、この福祉ネットワークの推進に求められる地域の組織全体の基盤強化を図る。

　こうした過程を経ることで、福祉ネットワークは形成されていきます。この一方で福祉ネットワークは、その機能やあり方をつねに点検していかないと、次のような失敗に陥る場合があります。

(4) 福祉ネットワークの失敗
　今田高俊（1994：186-199）は、ネットワーキングが管理社会を代替する手段であり、新しい社会編成原理を志向するものと指摘します。それには、従来のフォーマルな組織や団体を介さずに、その障壁を取り除いて、個人単位の自由で自立的な結びつきを実現することで、管理社会の病理を克服するという期待が込められていると評価しています。一方で今田は、実際のネットワーキングがスローガンに終始し、代替的な制度としての社会編成原理を提示できていないとも批判しています。
　福祉ネットワークの多くは、「地域にあるさまざまな社会資源を引き合わせ、各々が知識や技術を補完しあうことで、問題解決の機能をより発揮したい」という発想で構築されています。よく関係書籍で掲載されているネットワーク実践の図解も、そうした機能が表現されています。しかしながら、そういった実践の図解では表面化しにくい、次のような福祉ネットワークの陥りやすい失敗があります。

1）ネットワークの形骸化
　一般にネットワークの形骸化ともいわれるもので、福祉ネットワークを形成した後に、社会資源間においてヒエラルキー（hierarchy：タテ型階層）化が作用し、その構成員が協議をするうえで、知識や技術を十分に補完しあえなくなる状態である。こうなると構成員が協議の場に集まることが自己目的化し、ネッ

トワークとしての成果は希薄になっていく。

2）ネットワークの統制化

これは、福祉ネットワークの公私の社会資源の責任分担と体系化をめざすあまり、社会資源間に統制化が進んでしまう状況である。こうなると福祉ネットワークは、専門機関や専門職がいかにサービスなどを効率的にパッケージ化するかに傾注し、住民との相互作用が弱くなっていく。そうなれば、過疎・高齢化などによる地域社会の衰退がもたらす影響に対して、有効な対策が打てない状態に至る。

以上のような福祉ネットワークの失敗を避けるために、さまざまな問題提起がなされています。そうした指摘の内容を理解し、自己変革性をもった「福祉ネットワーキング」としてのあり方を志向します。

2節　福祉ネットワークから福祉ネットワーキングへ

（1）タテ型のネットワークの弊害

中根千枝（1978：52-54）は、日本社会のネットワークがタテ関係に基づいており、それが各人に社会的安定性を与え、必要とする情報を提供していると述べています。けれども社会学的には、ネットワークは本来、個人と個人を結ぶものであり、小集団の機能が高く、タテ関係が優先されている日本人にとっては、ネットワークの機能と範囲は極めて限定されていると論じています。

福祉ネットワークにあっても、ニーズを抱えた社会的弱者に対しての専門機関や専門職の援助というタテ型の図式に陥りがちです。もちろん福祉ネットワークでも、福祉行政におけるタテ割り構造の弱点を補完しつつ、既述したような緊急性・普遍性・固有性をもった課題に取り組んでいます。

ただ、専門機関や専門職のチームワークばかりが強調され、ニーズを抱えた

要援護者を固定してしまうような福祉ネットワークは、福祉コミュニティの形成をめざすコミュニティワークの技術としては弱いといわざるをえません。

金子郁容（1986：30-32）は、全体の目標をまず設定し、その達成のためにメンバーの役割分担を決め、メンバーがその役割を果たすように規則や罰則を作ることでメンバーの統制をするような原則を基盤にするネットワークを「統制型ネットワーク」と規定しました。それに対して、メンバー各自がネットワークに属することが自分にとって何らかの利益につながるということを自主的に判断し、メンバーの参加の原則で構成されるネットワークを「参加型ネットワーク」と規定しました。当然ながら金子は、後者の方が生き生きした魅力にあふれていると評しています。

このような参加型ネットワークの原動力を得るために、地方自治体でも**プラットフォーム**の技法を試みることが広まっています。このプラットフォームでは、地域の公私機関や施設にとどまらず、多様な団体やグループが課題を共有し、連携や協働を構想する場を設定します。そうした形態をとるねらいは、これまでの合理化が進んだネットワークを脱して、個々の自由で自発的な結びつきを図ることにあります[1]。

（2）福祉ネットワーキングの要点

以上のような問題提起を考慮しながら、地域福祉の基盤となる個人の主体形成へとつながる新たな福祉ネットワーキングを検討します。これまでの福祉ネットワークが専門機関や専門職、そしてサービスの供給主体などが中心となって組成されていたのとは、それは別次元に位置するものです。

ここでいう、個人の主体形成へとつながる福祉ネットワーキングとは、福祉

プラットフォーム（platform）：駅のプラットフォームと同じ語句であるが、ここでは新しい事業を生み出すための土台の意味で使われる。これについて直田春夫（2003：78-79）は、「住民、ＮＰＯ、企業、行政など地域の運営・経営に関心のある人たちが対等な立場で自発的に集まり、情報・意見交換をしたり提言を議論の俎上にのせたりすることで、地域課題や地域目標の認識を共有し、課題解決の方向を理解し合う、開かれた場である」と述べている。そうした議論の場では、各構成員の対等性と双方向的な関係性が前提条件となる。

ニーズをもつ要援護者がコミュニティで共有できる生活基盤をもったうえで、そうした要援護者が相互支援的な関係を築くアプローチを意味します。このような福祉ネットワーキングを進めるために、次に述べる社会的ネットワークの研究の視点と社会資源のネットワークが機能する圏域を参考にします。

1）社会的ネットワークの密度と境界密度

社会的ネットワークの研究において浦光博（1992：24-44）は、ソーシャル・サポートとの関連でネットワークの密度（density）と境界密度（boundary density）に着目する。ネットワークの密度とは、あるネットワークの中にいるすべてのメンバーの間に相互の関係がどれくらい存在するかの程度を指す。密度が高いことは、あるネットワークの中にいる多くのメンバー同士が互いに知り合いである状況を意味し、逆に密度が低いのは、ネットワーク内に相互の知り合い関係が少ない状況を意味する。

そして境界密度とは、一つのネットワークをいくつかの生活領域に分けたとき、ある一つの生活領域とそれとは別の生活領域との間でどれくらい共通する二者関係があるかの程度を指す。たとえば、ある家族のすべてのメンバーの友人の多くがその家族にとって共通の友人であるような関係は、家族関係と友人関係との境界密度が極めて高い関係といえる。

そのうえで浦は、人が自分を取り囲む環境の変化によりよく適応していくためには、範囲が広く密度や境界密度の低いネットワークの方が好都合であると指摘し、この理由として次の二点をあげている。

① 密度や境界密度が低いネットワークの中にいる人々はさまざまな種類の対人関係をもっているために、広い範囲の関心や価値観をもつことができる。そうした広い範囲の関心や価値観に基づいて、必要な時には自らの生活をスムーズに再構成することが可能である。

② 密度や境界密度が低いネットワークの方が、人は重なりあう部分の少ない多くの種類の関係からさまざまな役割についての的確なサポートを受けることができる。そのようなサポートを受けることを通じて、人は自らの役

割を的確に遂行し、さらにその的確な遂行を通じて自らのアイデンティティを確認することができる。

一方で同氏は、個々人が役割の安定感を失い、アイデンティティが拡散してしまったような場合、直接的で親密な密度の高いネットワークの方が有効であると論じている。この理由として、密度や境界密度の高いネットワークは、人に安定感を与えてアイデンティティを確認させる役割を演じるからであるとしている。

2）社会資源のネットワークが機能する圏域

次に、冒頭で述べた福祉ネットワークの静態的なレベル設定に対応するような圏域を検討する。当事者や住民が関係する範域については、6章において「住民の帰属意識」「要援護者のニーズ」「実践者の活動範囲」からとらえるコミュニティを既述した。ここでは、社会資源のネットワークが機能できる圏域をとらえる。

これまでの実践による圏域に加えて、国の法律の規定や諸文書による指示がされたもので、地域の社会資源が関係する圏域をまとめると図表12-1のよう

図表12-1　社会資源のネットワークが機能する圏域

行政管轄圏域・地域自治圏域	○市区町村の保健所（保健センター）などが管轄する範域 ○民生委員児童委員協議会（民児協）が設置された範域 ○地区公民館の拠点区域および「地域自治区」（地方自治法第202条）
地域福祉圏域	○市区町村社協が学区や旧町村などを活動基盤とする小地域 ○一定の福祉サービスや公共施設が整備されている「福祉区」
老人保健福祉圏域	○介護給付等対象サービスの種類ごとの量の見込みを定める単位となる圏域（医療法による二次医療圏）
日常生活圏域	○地理的条件・人口・交通事情その他の社会的条件、公的介護施設等の整備の状況その他の条件を総合的に勘案して定める区域 ○地域包括支援センターが管轄する圏域（人口2万人程度）
住民活動支援圏域	○NPOやボランティア、セルフヘルプ・グループなどの活動を支援・調整する中間支援組織の機能が展開される範域

（筆者作成）

になる。

　地域福祉圏域と福祉区は、『市町村地域福祉計画及び都道府県地域福祉支援計画策定指針の在り方について（一人ひとりの地域住民への訴え）』（平成14年社会保障審議会福祉部会）に規定されている。また老人保健福祉圏域は老人福祉法第20条と老人保健法第46条に法定化され、さらに『介護保険事業に係る保険給付の円滑な実施を確保するための基本的な指針』（平成18年厚生労働省告示第314号）において、保健医療サービスを供給する二次医療圏と一致させることが望ましいと提言されている。

　そして日常生活圏域は、『地域における公的介護施設等の計画的な整備等の促進に関する法律』（平成元年法律第64号）に法定化されており、こうした生活圏域に地域包括支援センターの設置を整合させる点については、平成18年10月に厚生労働省の老健局が課長通知で指示している。

　先に述べた社会的ネットワークの研究における密度や境界密度の観点は、福祉対象者が多角化している現在、福祉コミュニティの形成でも新たな問題を投げかけています。これまでの地域福祉の実践では、「身近な地域での密接なネットワーク」がよいと、一方的に関係者が思い込む傾向がありました。

　しかしながら、特定の福祉対象者においては、密度や境界密度の低いネットワークの方が福祉コミュニティの形成に有効であり、そうした福祉ネットワーキングの範域を検討する必要があるといえます。またコミュニケーションの問題を考えても、物理的距離よりも社会的距離によって制約を受けている事例が多くみられます。

　その一方で、日常生活での困難に直面している住民や当事者に対しては、近接性（closeness）を考慮した密度の高い社会的ネットワークのあり方を考えるべきであり、さらに図表12－1で示した社会資源のネットワークが機能する圏域も検討した福祉ネットワーキングの戦略が求められます。

3節　ネットワーク再考──「安心」と「自立」の追求

(1) ネットワークの二つの分類

　前章で地域の組織化には、身近な小地域で福祉活動の基盤づくりを重視する「合理主義的パラダイム」をもった組織化と、掲げた目標に従って脱地域的にコミュニティを対象化することに意味を見いだす「プロセス志向的パラダイム」をもった組織化の二つがあると述べました。

　福祉の組織化であるネットワークについても、その機能をみたときに二つのあり方でもって分類ができます。一つは、目的合理的な行為としてのネットワークです。福祉ネットワークの多くは、要援護者の援助を主な目的としてミクロからマクロへの多層化したネットワークを構築し、問題の発見から解決に至る機能を強化します。そうしたものは、「目的合理的なネットワーク」と規定できます。

　一方で、本章で論じた福祉ネットワーキングは、ネットワークのタテ型の図式に陥らずに、個人の主体的な参加を尊重し、要援護者の環境の変化に適応するために適切な密度と範域のネットワークを構築します。こうした志向性のものは、「価値合理的なネットワーク」と規定します。

　こうした目的合理的なネットワークと価値合理的なネットワークを二項対立的にとらえるのではなく、合理主義的パラダイムとプロセス志向的パラダイムをもった地域の組織化と組み合わせて、**グローカル**な地域福祉の組織化論として統合します。そのような統合した組織化を図るために、地域福祉は「大局をもって考えながら、身近な地域で活動する」（Think globally, act locally.）の視座をもつべきとするのが、本章での主張となります。

グローカル（glocal）：「世界化」を意味するglobalizationと「現地化」を意味するlocalizationの同時達成を意図する言葉である。経営学の分野でよく用いられ、そうした世界戦略に立つ企業を「グローカル企業」と称したりする。

(2)「安心」と「自立」を追求する組織化

　前章と本章で述べてきた地域福祉の組織化において、合理主義的パラダイムをもった地域の組織化と目的合理的なネットワークを組み合わせた組織化は、「安心」を追求する地域福祉の組織化と規定することができます。

　そこでは、地縁型の活動組織である自治会や社協などが、身近な小地域での福祉活動の基盤づくりを図り、そして一人暮らし高齢者などへの見守り活動を福祉委員などが展開することで、問題の発見機能を確立します。これに目的合理的なネットワークを組み合わせることは、専門機関や専門職のネットークによるアウトリーチ型の問題の解決機能を付加することを意味します。

　この一方で、地域福祉の組織化活動において、プロセス志向的パラダイムをもった地域の組織化と価値合理的なネットワークを組み合わせた組織化は、「自立」を追求する地域福祉の組織化と規定することができます。

　そこでは、ＮＰＯやＳＨＧなどのリゾーム的に生成・発展をしている実践主体が、地域福祉の要援護者の多角化に応じたコミュニティを対象として、当事者自立の支援機能を確立します。これに価値合理的なネットワークを組み合わせることは、当事者が前向きに生きる目標に応じたエンパワーメント機能を付加することを意味します。

　前章において、地縁型の活動組織とテーマ型の活動組織が、「住民の帰属意識」「要援護者のニーズ」「実践者の活動範囲」からコミュニティを対象化し、連携や協働を構想することが福祉コミュニティの課題であると指摘しました。この課題は、本章で述べた「安心」と「自立」の指標に焦点化され、そして次頁の図表12 - 2のように、目的合理的なネットワークと価値合理的なネットワークを組み合わせることで、地域福祉の要援護者により対応した援助が可能となります。

　このように、地域福祉の組織化を統合して進めることで、地域社会での基盤整備である「社会関係の維持」「当事者の自立」「知識情報の共有」「実践の組織化」は一体的な推進の可能性が高まります。さらに、こうした考え方を方法モデルとして地域福祉計画の策定に盛り込むことで、地域福祉の未来像としての福祉コミュニティの形成が進展していきます。

図表12-2　地域福祉の組織化の統合

- 合理主義的パラダイム　―身近な小地域での組織化―
- プロセス志向的パラダイム　―リゾーム的に生成・発展をする実践主体の組織化―
- 「安心」を追求する地域福祉の組織化
- 「自立」を追求する地域福祉の組織化
- グローカルな地域福祉の組織化　地域福祉の未来像の具体化＝福祉コミュニティの形成
- 目的合理的なネットワーク　―ミクロからマクロへの多層化したネットワーク―
- 価値合理的なネットワーク　―個人の主体的な参加を尊重し、環境の変化への適応を図るネットワーク―

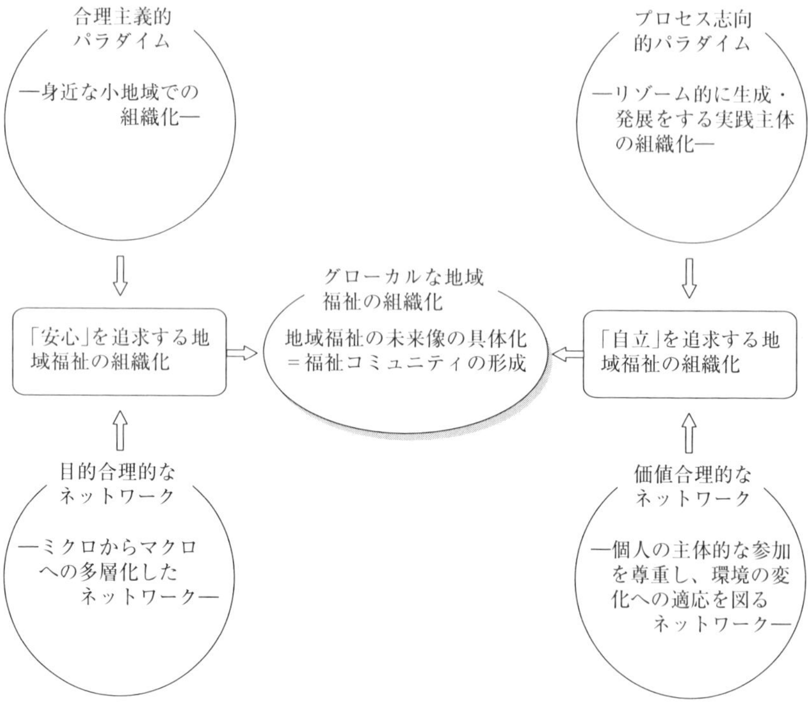

（3）地域福祉の組織化のための基盤整備

　10章で前述したように、ソーシャル・キャピタル（社会関係資本）を整備することが、地域福祉でも課題となっています。本章で述べた地域福祉の組織化の統合は、ソーシャル・キャピタルの蓄積にも貢献する考え方となります。

　このソーシャル・キャピタルは、結合（bonding）型と橋渡し（bridging）型に分類されます。前者は、家族や地縁のつながりに代表される同質的な結びつきが存在する状態で、強い信頼や協力・結束を特徴とする内部志向的なものを指します。そして後者は、ボランティア活動や市民活動、環境団体などに代表されるもので、関心や目的を共有した結びつきである点に特徴があります。

　「自立」を追求するプロセス志向的パラダイムをもった地域の組織化と価値合

理的なネットワークを組み合わせた活動は、地域に居住する少数の要援護者やスティグマをもった当事者を主な対象とします。そのために、こうした当事者同士の物理的距離や社会的距離を考慮しながらの橋渡し型のソーシャル・キャピタルの増強が課題となります。そこでは、ノーマライゼーションやソーシャル・インクルージョンといった理念を住民が共有し、またリゾーム的に生成・発展をしている実践主体が働きかけることが前提となるので、「知識情報の共有」の基盤整備としての公民館の地域福祉の拠点化も重視されます。

　さらに、「安心」と「自立」を追求する両方の組織化活動において、大切な基盤整備が二つあります。その一つは、地域の要援護者と社会資源をコーディネートする実践者のキーパーソン（地域福祉コーディネーター）を配置することです。そうした地域福祉コーディネーターには、ニーズ把握から社会資源との連絡調整へとつながる判断力が求められるので、コミュニティ・ソーシャルワークなどの研修を受講することも大切になります。

　もう一つは、地域社会に存在する困難なケース事例に対して、医療・保健・福祉などの専門機関や専門職で構成されるネットワークから、適宜**コンサルテーション**が受けられる社会資源のチームアプローチを確立することです。このコンサルテーションの機能が発揮されるためには、行政機関などのタテ割りによる弊害の是正と十分な情報公開が必要となります。

　このような基盤整備を進めるには、既存のネットワークを開放化する社会システムが求められます。この社会システムは、要援護者と福祉ネットワークの構成者である専門機関や専門職とのコミュニケーションを豊かにし、社会的相互作用を促すことを機能とします。たとえば、さまざまな電子媒体などの活用も含めた、公共的なコミュニケーション空間の場などが想定できます。

　ここまで述べた橋渡し型のソーシャル・キャピタルの蓄積は、すでに地域福

コンサルテーション（consultation）：コンサルテーション（助言提供技術）は、ソーシャルワークの体系における関連援助技術に位置づけられるものである。それは、日常の業務で解決すべき課題を抱えているソーシャルワーカーや組織・地域社会に対して、より専門性の高い知識や技術を有している個人や組織から助言や援助を提供する問題解決の過程が相当する。

祉としての実践が行われており、そうした事例では共生社会への住民の意識が高まるようなコミュニティ変容の効果もあげていると評価されています[2]。

12章のまとめ

① 目的合理的なネットワークの構成員の立場や役割は、医師や看護師、またはケアマネジャーといった職種や資格が基本となる場合が通常であるため、各々の専門性の違いによって共通のコミュニケーションが成立しにくいという問題があります。そのために地域福祉コーディネーターには、コミュニティ・ソーシャルワークなどの技術を学んだうえで、社会的なコミュニケーションを豊かにしながら、ネットワークの円滑な運営を図る役割が必要となります。

② ネットワーキングでは、人と人の対等な関係性の上にネットワークが成立する理念を掲げます。そのために、福祉ネットワーキングを推進する場合では、いかに要援護者をエンパワーメントしていくかの課題が浮上します。こうした課題の解決もめざして、プロセス志向的パラダイムをもった地域の組織化と価値合理的なネットワークの統合が求められるのです。

【注】
1）プラットフォームに参加して自己主張ができる個人や団体は、今日ではまだかなりエンパワーメントされた存在である。そこでの参加者に「自由に意見を言ってください」と促しても、なかなか発言できない雰囲気が未だに多く残っている。組織が活性化して地位や肩書といったタテ関係を意識せず、自由に物が言える風土が醸成していれば別であるが、機能化した管理社会では"つまらぬ意見"を言ったとなると、減点の評価を受けてしまいかねない。
2）事例として、富山県におけるケアネット活動がある。この活動は正式名を「地域福祉総合推進事業（ふれあいコミュニティ・ケアネット21）」といい、県行政から事業費の補助を受けて、2003（平成15）年から富山県社協が推進主体となって実施している。
　　ケアネット活動の対象者は、①夫の介護や看病に一人で苦労している妻、②軽い認知症の一人暮らしの高齢者、③昼間一人で家にいる高齢者、④脳卒中などで閉じこもりがちな人、⑤子育てに不安をもっている父親・母親、⑥心身に障害をもつ方や支える家族の方、⑦福祉サービ

スの利用を断る家族、⑧今は大丈夫だが将来が心配な方や世帯、などである。

　ケアネット活動は二段構造で展開するもので、その一つは、各種のサロンなどの住民参加の場を設け、そこで地域の課題や個人のニーズの把握を行う。もう一つは、市町村社協に配置されたケアネット活動コーディネーター（社会福祉士）が、近隣住民を中心に三名程度でケアネットチームを編成し、必要に応じて地域包括支援センターや病院などの専門機関と連携を図って、対象者に適応した支援ネットワークを展開するものである。

13章 地域福祉の新たな事業を構想する

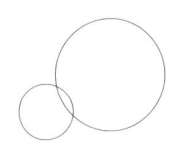

〈方法の概要〉

13章では、地域福祉計画を策定する際に、複線思考でもって戦略を進めるための道具となる技法を述べます。そうした道具は、前章で述べたグローカルな地域福祉の組織化を基盤としながら使用します。

本章では、三つの道具を示します。最初の二つの道具は、地域福祉の二つの組織化の活動がお互いの特性を理解し、達成すべき目標に向かって合意するために用います。そして最後の道具にはワークデザイン法を適用し、参加する住民との共感を広げながら地域福祉の新たな事業を構想する技法として展開します。

◆

Key Words：SWOT分析、現象学的社会学、リカバリー、ワークデザイン法

1節　地域福祉の〈理解〉〈合意〉〈共感〉

（1）複線思考の戦略

　地域福祉計画の基本構想で掲げる地域福祉の未来像は、地域社会における「社会関係の維持」「当事者の自立」「情報の共有」「実践の組織化」の基盤整備と、協働のあり方から接近する「価値観」「生活様式」「コミュニティの対象化」の側面から考察するものと述べました。

　また、地域福祉の組織化においては、「安心」を指標とした合理主義的パラダイムをもった組織化と目的合理的なネットワークの組み合わせと、「自立」を指標としたプロセス志向的パラダイムをもった組織化と価値合理的なネットワークの組み合わせを再構成して「グローカルな地域福祉の組織化」とすることで、未来像としての福祉コミュニティの形成が前進すると論じました。

　このように本書では、これまでの地域福祉論の傾向として多くみられた単線思考ではなく、複線思考による戦略を基本とします。そうした複線思考の戦略では、〈理解〉〈合意〉〈共感〉がキーワードとなり、これらを含んだ次のような目的を果たす道具が必要であると考えます。

① 合理主義的パラダイムとプロセス志向的パラダイムをもった二つの組織化が、どのような特性をお互いが有しているのかを〈理解〉しあう。

② 二つの組織化に、目的合理的なネットワークと価値合理的なネットワークを組み合わせた「グローカルな地域福祉の組織化」として活動をする際に、関係者と〈合意〉をもって連携する。

③ 地域福祉計画の策定主体とグローカルな地域福祉の組織化が、地域福祉の新たな事業を構想する際に、住民との〈共感〉を広げていき参加が促進されるように図る。

　8章において、コミュニティワークとしての戦略を「地域福祉の円滑な実践ができるように、困難な状況をめぐる制約条件の除去や緩和のために地域の社会資源が連携して働きかけ、それをもって課題解決を図ろうとする計画的な対

応策である」と定義しました。この定義を受けて、地域福祉計画の策定主体と地域の実践主体との間で〈理解〉⇒〈合意〉⇒〈共感〉を分かち合い、それをもって連携して戦略を推し進めるような道具を示したいと思います。

（2）第一の道具：ＳＷＯＴ分析の適用

　これまでにおいて、地域福祉計画は帰納法的な技法によって策定されていました。そこでは、コミュニティワークの「問題の発見」の段階でＫＪ法などを用いたワークショップを行い、問題を構造化して目標を設定しています。それに対して、リゾーム的に生成・発展している地域福祉の実践主体は、「私たちが感じる問題は、これである」という価値観や意識を動機として、後から実践の方法を導く演繹的な形式によって行動をする場合が多くあります。

　こうした実践思考の土台が異なる両者のために、〈理解〉を図るうえでプラットフォームを設置しても、何らかの道具的な手段を講じなければ両者の隔たりは埋まらない、という状況が危惧されます。そこでコミュニティワークの「計画の策定」の段階で、第一の道具として**ＳＷＯＴ分析**の技法を適用します。

　企業の経営戦略の策定のために考案されたＳＷＯＴ分析は、近年ではまちづくりでのワークショップの意思決定にも応用されています。このＳＷＯＴ分析を計画の策定で用いるうえでは、次の外部要因と内部要因をもって分析をします。

　1）外部要因（機会／脅威の分析）

　外部要因では、計画の策定主体と実践主体がもつ目標の達成能力に影響を与えるマクロ要因（福祉政策や制度、社会情勢、自治体の現況など）とミクロ要

ＳＷＯＴ分析（スウォットanalysis）：企業の戦略立案を行う際に使われる分析手法で、組織の外的環境に潜む機会（O = opportunities）、脅威（T = threats）を検討・考慮したうえで、その組織が持つ強み（S = strengths）と弱み（W = weaknesses）を確認・評価する枠組を構成するものである。1960年代からアメリカで広く普及した中長期計画を策定する戦略の手法であるが、主観的な裁量に委ねられる部分が大きいために精密な分析には不向きで、結果よりも過程に意味のある戦略の立案手法とされている。

因（地域社会の状況、コミュニティ意識、要援護者の実態など）の変化を観察し、関連する機会と脅威を分析する。

2）内部要因（強み／弱みの分析）

内部要因では、地域福祉の実践で展開する組織の中核的能力と、その実践で協働を図る地域の社会資源の包括的能力の強みと弱みを分析する。

合理主義的パラダイムを基礎とした組織化を図ってきた計画の策定主体と、プロセス志向的パラダイムを基礎としたリゾーム的に生成・発展している地域福祉の実践主体とが、コミュニティワークの地域の診断に基づいて、次のような地域福祉計画の内容に関してＳＷＯＴ分析を進めていきます。

① 地域社会の基盤整備に関係した両者の主体の実践
② 「価値観」「生活様式」「コミュニティの対象化」の側面に関係した協働のアプローチ
③ 課題計画の内容に対しての戦略的なアプローチ
④ 実施計画に関係した施策や事業の実施

そしてＳＷＯＴ分析では、二つの段階があります。第一段階は、計画の実施に関わる組織におけるＳ・Ｗ・Ｏ・Ｔのそれぞれの要素を抽出します。原則として外部要因の分析では「組織だけで変えることが不可能な要素」、そして内部要因の分析では「組織内で改善することができる要素」という目安を設定します。

第二段階では、図表13-1のように第一段階で抽出した要素でクロス分析をします。そして地域福祉の実践において、外部要因の分析の「機会」と内部要因の分析の「強み」の二つの要因から戦略を導き出し、協働を図る組織間の目標設定を行います。

図表13-1は、公民館地区を基盤とした小地域社協をＳＷＯＴ分析でクロス分析した一例です。このようなＳＷＯＴ分析は、合理主義的パラダイムを基礎とした地域福祉計画の策定主体と、プロセス志向的パラダイムを基礎としたリ

図表13-1 SWOT分析の一例

		外部要因	
		機会 O ・小地域で地域福祉活動計画が策定される。 ・小地域福祉活動の強化の方針が立てられる。	脅威 T ・小地域での若年人口が急減している。 ・活動の担い手が高齢化している。
内部要因	強み S ・福祉委員に選任された人は活動の意欲がある。	《強みを活かす戦略》 ・福祉委員会を組織して、地区公民館をその活動の拠点とする。	《縮小する戦略》 ・自治会や町内会などの行政区の再編を提言する。
	弱み W ・一人暮らし老人などの個人情報が得にくくなっている。	《弱みを克服する戦略》 ・リーチアウトの実践者に応じて個人情報の名簿を提供する。 ・同意方式で見守り活動を推進する。	《撤退する戦略》 ・特定の担い手に業務が集中している施策や事業を改廃する。

ゾーム的に生成・発展している地域福祉の実践主体とが、プラットフォームなどの意見交流の場において〈理解〉をしあうための道具として有用です。

このSWOT分析により計画の策定で設定した目標の達成が可能であるかを判断し、もし不可能であると判断すると協働を模索する組織の構成員は、目標の再設計の必要性を意識することになります。

2節　地域福祉の事業構想のモデル

このように〈理解〉を共有しあえたら、次は地域福祉計画の実施計画において、戦略的な〈合意〉を図ることを指標とします。この〈合意〉とは、合理主義的パラダイムをもつ組織の構成員とプロセス志向的パラダイムをもつ組織の構成員が、施策や事業の推進において相互の意向を調整することを意味します。

（1）第二の道具：現象学的社会学の図式

特に〈合意〉が必要となるのは、従来の地域福祉の実践の発想の枠を超えた施策や事業を実施する場合です。そこでは、これまで展開されてきた施策や事業の評価をしたうえで、新たな構想をしていく意思決定が求められます。

地域福祉の現場では、先述した二つのパラダイムをもつ両構成員が、理解をもって社会的な相互作用を図ることが大切です。ここでの社会的相互作用とは、地域福祉の課題を認識したうえで、要援護者である「他者」の思いを解釈し、それに呼応する連携を目的とした交流を意味します。

このような相互作用をプラットフォームなどの場で図る際に、一定の枠組をもって実践経験を共有しながら、取り組むべき課題について両関係者が〈合意〉の協議をすることは有効です。そうした枠組を考えるため、シュッツ（Schütz, A.）が唱えた現象学的社会学の知見を応用します（補論Ⅲを参照）。

以前に筆者（2006：158）は、現象学的社会学による弁証法的過程の図式を応用し、「地域福祉課題の連関モデル」として地域福祉の組織化やソーシャルワーク・アドボカシーの課題をまとめました。そのモデルを簡素化して以下に示し、〈合意〉を図ることを目的とした第二の道具とします。

図表13-2　地域福祉課題の連関モデル

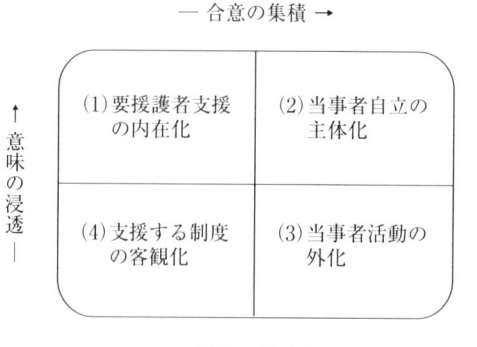

― 合意の集積 →

↑意味の浸透―	(1) 要援護者支援の内在化	(2) 当事者自立の主体化	―実践の創出↓
	(4) 支援する制度の客観化	(3) 当事者活動の外化	

← 言語の裏づけ ―

シュッツの弟子であるバーガーとルックマン（Berger and Luckmann ＝ 1977：218-221）は、個人が初めて社会の成員になる「第一次的社会化」について、内在化を出発点とする弁証法過程への参加であると論じました。さらに内在化は、「自分の周りにいる人々を理解する」ための基礎になると指摘しました。

この現象学的社会学の図式のなかに、アメリカの精神科医であるレーガン（Ragins ＝2005：24-30）による「希望」⇒「エンパワーメント」⇒「自己責任」⇒「生活のなかの有意義な役割」の四つの段階で構成されるリカバリー（Recovery）の考え方も組み込みます[1]。これらの理論に従って、地域の要援護者に対する支援（support）の課題を内在化の局面を出発点とし、三つの局面へと順につなげていきます。

1）内在化の局面

内在化の局面では、要援護者の**セルフ・アドボカシー**に対する支援が主目的となる。そのため支援者には、要援護者のニーズやディマンドを把握し、生活困難の要因を解明することが求められる。支援者にもさまざまな価値観があり、最初から要援護者に対して正しい理解や判断がなされるとは限らない。要援護者の側にもスティグマがあり、すべてのニーズやディマンドが表明されるとも限らない。

そうしたなかでも「自分の気持ちを知って欲しい」とか、「こうした状況にあるのは、自分だけなのかを知りたい」といった、一体感や帰属化（identification）の思いは尊重され、その機会を保障する必要がある。これらのニーズやディマンドに対して一人の賛同者が現れると、ネットワークの最小単位として認められる。そうした二人以上が時間や空間を共有すると、客観的な形態を有す

セルフ・アドボカシー（Self Advocacy）：ベイトマン（Bateman＝1998：7.）は、セルフ・アドボカシーを「個人またはグループが、自らのニーズと利益を求めて自ら主張し、あるいは行動する過程」と定義している。これは要援護者だけに限らず、一般の人々にも適用できる概念である。

るものとなる。

　リカバリーの段階は、「希望」から始まる。レーガン（=2005：2）は、希望が本当の動機づけになるために単なる感覚やアイデア以上のものが必要であり、事態が改善していくとすればいったいどうなるのか、それが目に見えるような実際的で、根拠のあるビジョンとして形をとる必要があると述べている。

　そのために、内在化の局面での支援では、希望をもって要援護者がニーズやディマンドを表明できる「場」を提供することが大切となる。さらに要援護者個人に賛同者をつなぎ、ネットワークを構築して場から「拠点」へと発展させることが、次の局面に向かう課題となる。

２）主体化の局面

　主体化の局面では、要援護者に対する自立支援が主目的となる。ニーズやディマンドをもった要援護者は一体感や帰属化を求めて連帯する一方、制度化された社会のさまざまな側面と接し、それに適応して自立できるかを意識する。そのため支援者には、要援護者の自立に必要な知識や技術の習得を援助することが求められる。

　もし、そうした習得が要援護者個人で困難な場合は、複数の当事者の時間と空間を共有させた場を構築する。そうすると知識や技術がうまく配分され、要援護者は一定の役割をもつ構成員としての行動ができる。このように、要援護者が当事者となって主体化するのを支援することが、この局面での課題となる。

　リカバリーの第二段階は「エンパワーメント」であり、そこでは希望の実現に向かってエンパワーメントされるために、①情報にアクセスをもつ、②選択できる機会をもつ、の二点を重視する。さらに、本人が失ったものを考えるのではなく、今もっている力に着目できるような支援を強調している（Ragins=2005：28-29）。

　主体化の局面は、個々の要援護者がネットワークによって社会化され、当事者となって社会に関わる起点となる。要援護者の立場から出されたニーズやデ

ィマンドは、この局面での知識・技術の習得や役割の経験を経て、新たな価値観が加わったり、高次の目的へと昇華されたりする。さらに当事者の組織化により、内部からも外部からもエンパワーメントされる機会が増えれば、グループ固有の主観的な世界も広がり、グループは自律（autonomy）して次の段階へと向かうことができる。

3）外化の局面

外化の局面では、当事者による主体的な社会活動が主目的となる。具体的には、当事者が自らのニーズやディマンドを実現させたり、それに方向づけを与えたりする社会的な活動が目標となる。そうした活動が計画的に展開されるように支援したり、地域社会から活動に対して抵抗などがあれば、支持者や理解者を募ったりするソーシャル・アクションも状況に応じて必要となる。

リカバリーの第三段階は「自己責任」であり、リカバリーを志向するにつれて、当事者は生活に対する自己責任を自覚すると指摘している。またそうした責任を担うことは、危険であると思われている対象に、①挑戦する、②新しく試してみる、③過ちや失敗から学ぶ、といった経験を意味するとされる（Ragins＝2005：29）。

こうした当事者の自己責任を果たせるように、この局面では当事者の社会活動を支援する体制づくりが求められる。それには、①当事者のニーズやディマンドが代弁できるアドボケイトの配置、②ニーズやディマンドを公表できる場や広報媒体の活用、③住民の理解や支援を得られる機会の設定、などの準備がある。さらに当事者主体の活動が、次の局面に向かって円滑に展開するように、関係するネットワークの強化も求められる。

4）客観化の局面

客観化の局面では、当事者支援の社会的な制度の確立が主目的となる。そこでは当事者のニーズやディマンドが満たされた後、その内容を地域社会の規範的な事実へと定着させることが課題となる。言い換えると、当事者の要求に沿

った福祉のまちづくりや社会への働きかけなどが制度的な秩序を生み、一般化していく過程となる。またサービスの運営や開発などに当事者が参画することも、この局面に含まれる。

　リカバリーの第四段階は「生活のなかの有意義な役割」であり、そこでは社会生活において多くの人々と関わりながら、何らかの有意義な役割をもつ大切さが論じられている。そうした役割をもつことで当事者の孤立を終わらせ、生きがいを感じさせるとしている（Ragins =2005：29-30）。

　このような役割を当事者が果たすために、客観化の局面では正当化の浸透を重視する。正当化とは、福祉のまちづくりなどが生んだ制度的な秩序が、妥当なものとして認識されることを意味する。ノーマライゼーションやソーシャル・インクルージョンの理念が具現化された地域社会とは、この正当化への到達点にある。そのためには、制度的な秩序が社会変容を促し、多元的な地域社会へと導くことが指標となる。

　こうした多元主義的な福祉コミュニティを形成するためにも、法的な基礎を用いて社会的な正義を確立し、必要な制度や機構（公私のオンブズパーソン制度や行政手続の監視機構の整備、情報公開の促進など）を構築することが求められる。これにより多元化された地域社会での住民自治を担う力量を培いつつ、すべての当事者の自立を図ることが次の課題となっていく。

　以上のような「内在化」⇒「主体化」⇒「外化」⇒「客観化」の四つの局面で構成される弁証法的過程の図式を完成させて、それに対して次に述べる支援のプロセス・ゴールを付け加えます。

（2）支援のプロセス・ゴール
　こうした弁証法的過程の図式に加えて、局面から局面へと移る間に支援者がもつべき目標として、次の四つのプロセス・ゴールを設定します。

1）合意の集積（内在化 ⇒ 主体化）

内在化から主体化の間では、要援護者が自立をめざす当事者としての自覚をもてるような支援が求められる。これには一定の困難を伴うために、当事者組織やセルフヘルプ・グループを組織することが有効な手段となる。

そのために、地域社会の場に集まる意欲を要援護者にもたせる、また地域に拠点を設立することに関係者の理解を得る、といった意識を高める合意の集積がプロセス・ゴールとなる。

2）実践の創出（主体化⇒外化）

主体化から外化の間では、自立意識をもった当事者がニーズやディマンドを地域で満たしていく実践を創出することがプロセス・ゴールとなる。この実践の目標は、次の二つに分類される。

① 当事者が社会的に適応するための自己変容や発達
② 当事者の権利を守り、社会的な生活を確立するための行動

これらの実践を創出するには、計画的な取り組みが必要である。そこでは、制度などの知識の習得を保障するだけでなく、社会適応が困難な者に対する予防的・治療的な支援を図る専門的なネットワークの形成も求められる。そのために、当事者を支援するセルフヘルプ・クリアリングハウスなどの社会資源を開発するのも有用となる。

3）言語の裏づけ（外化⇒客観化）

外化から客観化の間では、当事者とその支援が地域社会と相互作用して制度化されたときに、社会的な正当性をもつように支持することが必要となる。そのために、当事者の権利擁護などの意義を言語により裏づけし、それを具現化する規範を創っていく支援の確立がプロセス・ゴールとなる。

さらに社会福祉の専門性を超えた他分野に及ぶ問題がある場合に、関係する社会資源からコンサルテーションの働きかけを得ることも含まれる。

4）意味の浸透（客観化 ⇒ 内化）

　客観化から内化の間では、当事者支援の社会的な制度として確立した意味を知識として社会へ広めていき、規範的な事実へと浸透させる支援がプロセス・ゴールとなる。具体的には、福祉教育や人権啓発などの活動によって、コミュニティが多元的な状況になった意義を住民に周知させることが基軸となる。

　これによってコミュニティの変容が促され、ノーマライゼーションやソーシャル・インクルージョンの理念が具現化される。そして、未だに差別や疎外されている当事者や制度の狭間にいる要援護者を支援することが次の目標となる。

　以上のように、地域の要援護者や当事者の課題を「内在化」⇒「主体化」⇒「外化」⇒「客観化」の四局面の図式に位置づけ、その間に「合意の集積」⇒「実践の創出」⇒「言語の裏づけ」⇒「意味の浸透」の支援者側のプロセス・ゴールを設定して、地域福祉課題の連関モデルとして構成します。

　このモデルを〈合意〉を図る第二の道具と位置づけるとともに、次の地域福祉の新たな事業を構想する土台とします。

（3）第三の道具：ワークデザイン法の適用

　地域福祉課題の連関モデルを土台としながら、新たな事業を構想する第三の道具を考えるために、**ワークデザイン法**を適用します。これは「本来、果たしたかった目的は何であったのか」という理想の目的を再定義し、その目的を果たす新たなシステムを構築することで、困難課題の解決を図る技法です。ワークデザイン法では、次のような演繹的な発想をしていきます（五百井ほか 1997：152-159）。

　① 現状の分析をしない。

ワークデザイン法：アメリカのウィスコンシン大学のナドラー（Nadler, G.）によって、1959年に発表されたＩＥ（Industrial Engineering）技法・問題解決技法の一つである。さまざまな問題解決を図る際に改善・改革を効果的に行うための方法論であり、機能展開と理想システムをキーワードとする。

② 困難課題をシステムとしてとらえて、その機能に着目する。
③ そうした機能を満たす理想システムを考える。

こうして対象とする困難課題を機能としてとらえ、その機能を満たす理想システムを設計し、それに最も近い実現可能なシステムを導き出します。このように困難課題を「複数の要素の絡み合いによって成立する論理のシステムである」ととらえるシステム思考を問題解決に応用した技法は、システムズ・アプローチといいます。

第三の道具として、住民との〈共感〉を指標とした新たな事業を構想するために、次の手順に沿ってワークデザイン法を応用していきます。

1）目的の決定
対象とする困難課題が、システムとして扱えるかどうかの確認をする。そして「何をなすべきか」「何をしようとするのか」といった、システムによって実現したいことは何かという目的を決定する。

2）理想のシステム案の考察
システムの目的を実現するための手段として、機能を決定する。そこでは、「何のために」（目的）⇒「何をする」（機能）なのか、という理想のシステム案を考える。
ここでは、地域福祉課題の連関モデル（第二の道具）が理想システムとなる。その目的は、「内在化を出発点とする局面から、次の局面へと進展する」となる。そして「内在化」⇒「主体化」⇒「外化」⇒「客観化」の四つの局面が、当事者側の主機能となり、「合意の集積」⇒「行為の創出」⇒「言語の裏づけ」⇒「意味の浸透」のプロセス・ゴールが、支援者側の主機能となる。

3）当事者側の目的（機能）の展開
次の局面へと進展するシステムの目的を実現するために、「内在化」から始まる当事者側の機能を展開していく。そこでは、内在化の局面の目的を理解した

うえで、対象とする困難課題に対し、具体的な問題を手がかりにして解決したいという目的や機能の展開を行う。ここで手がかりにするものを「手がかりシステム」という。

4）設定目標レベル（アウトプット）の確定

以上の目的や機能の展開が完成したら、この展開のなかでの困難課題に対して、適切と思われる目的や機能のレベルを確定する。この目的や機能レベルを「設定目標レベル」（アウトプット）ともいう。

5）問題解決のシステムの基本設計

アウトプットとなる設定目標レベルを確定したら、これに見合うインプットを見つけて、問題解決のシステムを基本設計する。ここでのシステム設計とは「いかにして、インプットをアウトプットに変換するかを考える作業」を意味する。

そしてアウトプットが上記の設定目標レベルであるのに対し、暫定的なインプットは次のような二つの形で表わされる。

① （Bされる前の）A
② （Bされていない）A

以上の手順に基づき、ここでは事例研究として、一人暮らしの男性の高齢者の孤独死が多発している問題を目的として決定します。そして主体化の局面を意識して「一人暮らしの男性の高齢者が自立すること」を理想のシステム案とし、先述の3）に従って「その目的は何か」と問い続けながら、図表13-3のように目的（機能）展開をします。

図表で追求した目的のなかで、適切な目的や機能レベルを「設定目標レベル」として確定します。たとえば「F4：近隣で『あいさつを交わす程度』の人間関係を保つ」を設定目標レベルとすれば、暫定的なインプットは「近隣での人間関係が断絶している一人暮らしの男性の高齢者」となります。

これはあくまで暫定的なインプットであり、多くの場合インプットは、次の四

図表13-3 「一人暮らしの男性の高齢者が自立する」の目的(機能)展開

```
S0：一人暮らしの男性の高齢者の自立　⇒　手がかりシステム

F1：一人暮らしの男性の高齢者が、地域社会で生活する。
F2：食生活や住環境を安定させて、日々を暮らしていく。
F3：自分の健康を気づかい、主治医をもつことを意識する。
F4：ゴミ出しなどの近隣社会でのルールを正確に守る。
F5：近隣で「あいさつを交わす程度」の人間関係を保つ。
F6：生活に関係する諸制度を知り、その内容を理解する。
F7：自分に役立つ社会資源を知り、その内容を理解する。
F8：自分が抱える困難課題を自覚し、制度や資源を利用する。
F9：自分の能力や技能を認識し、地域での役割を担う。
F10：住んでいる地域を改善していくことに意欲する。

　　※Fn：nが大きい方がより上位の目的レベルとなる。
```

つを検討の視点として詳細化する必要があります。

① 上方展開：暫定的に決めたインプットについて、その状態を時系列的に遡って順序よく並べて表示する。
② 水平展開：暫定的に決めたインプットが、抽象的すぎたり広範囲すぎたりして上方展開が行いにくい場合に、空間的に規定する。
③ 分岐展開：インプットの構成要素を分解する。

　これらのインプットの詳細化を組み合わせて展開し、そのうち適切なものをインプットとして決定します。これで、問題解決のシステムの基本設計が完成します。

（4）支援システムとの組み合わせ

　この問題解決のシステムだけでも地域福祉の事業構想のモデルとなりますが、さらに地域福祉課題の連関モデルの支援者側の主機能である、「合意の集積」⇒「実践の創出」⇒「言語の裏づけ」⇒「意味の浸透」のプロセス・ゴールを支援システムとして組み合わせます。そうした支援システムは、詳細化したインプットをよい方向に変換する資源・人・情報によって構成され、さらに関連するネ

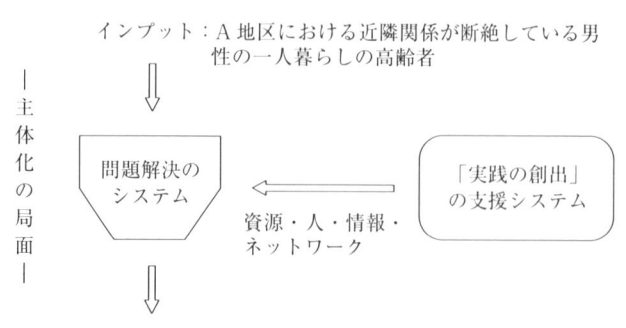

図表13-4　地域福祉の事業構想モデル

インプット：A地区における近隣関係が断絶している男性の一人暮らしの高齢者

―主体化の局面―

問題解決のシステム ⇐ 「実践の創出」の支援システム

資源・人・情報・ネットワーク

アウトプット：A地区における男性の一人暮らしの高齢者の近隣関係を豊かにする。

ットワークも含まれます。

　図表13-4は、暫定的なインプットを詳細化したものに対して、主体化の局面で支援システムを組み合わせた問題解決システム（事業構想のモデル）となります。こうしてインプットをアウトプットに変換するシステムと、必要な支援システムを組み合わせます。そして構想したシステム案のなかで、実現が可能で地域福祉の事業として最も目的に合うシステム案を採用します。

　以上のように、採用したシステム案に基づいて実行すべき地域福祉の事業を構想します。当然ながら、ワークデザイン法の手順に沿って事業を構想しても、現実の制約条件のなかで実施の見通しが立たない事態となることがあります。そうした場合には、構想した事業案に制約条件を加えて、フィードバックの評価を行う会議において問題提起します。そこで、どのように支援システムの資源・人・情報などの構成要素を組み合わせれば、事業が実施できるかを検討します。このフィードバックの評価については、次章で取り上げます。

　原則としてシステムズ・アプローチの方法では、最初に設計するシステムの目的を突きつめて検討します。目的を明確にする前に、制約条件を考えることはしません。目的の明確化から始めて、理想のシステムの外枠を徐々に明確にし、最後に具体的な手段の部分を検討します。

地域福祉の事業を構想する際も同様で、最初からいろいろと制約条件を考慮には入れません。まず思い切り枠を広げて考えて、それから徐々に現実的なシステムをもった事業の構想をしていきます。これが、地域福祉の実践を生み出すモデルとして有用な第三の道具となります。

13章のまとめ

① グローカルな地域福祉の組織化の目標を設定し、その実行手段を明確にするうえで、合理主義的パラダイムとプロセス志向的パラダイムをもった双方の組織化の「強み」「弱み」を確認するSWOT分析は、意義のある技法となります。

② 地域福祉の新しい事業を構想する際に、10章で紹介したベンチマーキングは先進自治体の実践事例を参考にします。それに対してワークデザイン法では、実現可能な方法にとらわれず、現状の枠組や制約条件も取り外した関係者の自由な発想力を基礎とします。

【注】
1） レーガンによるリカバリーの概念はcure（治癒）とは異なり、精神病の症状を診るのではなく、病気をもちながら、かけがえのない命を生き、社会に生活し、再起して、自分の人生を歩むこと、そのような人の存在全体を大事にする考え方とされている（Ragins =2005：前田ケイ「リカバリーについて」）。

14章 計画の成果を評価し、実践の力量を高める
── 評価の技法と展開

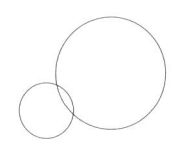

〈方法の概要〉

　14章では、地域福祉計画の策定に関して、必要となる評価の技法を説明します。こうした評価にはさまざまな技法があるので、それを整理する軸を設定し、わかりやすい分類を試みます。

　そして評価の技法のなかでも、今日的な課題となっている参加型評価について、特に注目されているプログラム・セオリー評価（ロジック・モデル）と、考え方として重要なエンパワーメント評価の内容を説明します。最終的に評価は、協働の確立をめざしてその用い方を考えるべきである点を強調します。

◆

Key Words：プログラム評価、プロジェクト評価、プログラム・セオリー評価、エンパワーメント評価

1節　さまざまな評価の方法と整理軸

(1) 評価の体系的な枠組

　福祉行政においては、国から市町村に至るまで各分野の福祉計画の策定が義務づけられ、「計画なくして進展なし」といった情勢が広まりました。そうした現況もあって、福祉計画の実施がもたらした成果に対する評価が注目されています。この評価の導入に際しては、次のような目的が考えられます。

① 計画に設定された施策や事業の目標について、その達成度を定期的に測ることで計画の進捗の管理を行う。
② 地方財政の悪化を背景に、各種の施策や事業の執行状況や成果を点検し、それらの存廃や実施プロセスを改善して効率化を図る。
③ 住民の視点に立って、関連する施策や事業がどれだけの便益をもたらしたかを評価する。

　公共政策学などにおける評価の体系的な論考を参照すると、福祉分野で評価を行う場合では次のような一定の枠組が考慮されます。

1) 評価の特性

　評価の特性をみたとき、評価結果の内容を記述で示す定性的評価と、評価結果を数値で示す定量的評価に区分される。簡明な成果を重視する昨今では、定量的評価で数値による目標の管理が基本となっている。けれども地域福祉の場合に顕著であるが、定量的評価の手法が開発されていない領域では、定性的評価を適用することになる。

2) 評価を行うタイミング

　評価を行うタイミングにより、事前・中間・事後の三つに分類される。事前評価では、施策や事業の妥当性や必要性、そして費用対効果などを実施前に評価して、これらの採否や優先順位を決めたり、または地域状況を考慮して目標

値を調整したりする。それに対して中間・事後評価は、計画年度の途中段階での施策や事業の目標達成度ならびに終了後の成果や目標達成度を評価する。

3）評価の主体

社会福祉の分野では、一般的にサービス評価において「自己評価」「利用者評価」「第三者評価」という形式で、評価の主体が明確にされている。最初の自己評価は、社会福祉法第78条で事業所の努力規定とされている。次の利用者評価は、サービスの利用者が事業所を評価するものであるが、利用者に対するエンパワーメントや彼らを代弁する福祉オンブズパーソンの導入が課題となっている。最後の**第三者評価**とは、利用者でも事業者でもない第三者的な評価機関が、同一基準を使用して事業所の評価を行うものである。

これらの評価の枠組以外に、対象とする施策や事業を取り上げる範囲によって、特定評価とモニタリング評価に分類されます。特定評価とは、ある特定の施策や事業の効果などに対する個別的な評価を指します。これに対してモニタリング評価は、一定期間内に施策や事業を広く取り上げて、それが地域社会に与えた影響や課題などを把握する評価を意味します（斉藤 1994：83）。

これに関連して山谷清志（2000：84-91）は、目標に基づいた評価と目標から自由な評価を提唱しています。前者については「政策の目標を明確化し、指標を付け、その期待する達成値を予め置き、実施後の達成後を判断する方法である」としています。そして後者はモニタリング評価と同様、実際に発生している効果やインパクトをみる評価であると述べています。そのうえで同氏は、この目標から自由な評価を参加型評価と組み合わせた時に、評価の実践に新たな可

第三者評価：福祉サービスの第三者評価事業は、1997（平成9）年からの社会福祉基礎構造改革において、その理念を具体化するしくみの一つとして位置づけられた。翌年11月、厚生労働省社会・援護局長の私的懇談会として「福祉サービスの質に関する検討会」（座長：江草安彦）が設置され、そこでの検討結果が2001（同13）年3月に『福祉サービスにおける第三者評価事業に関する報告書』として取りまとめられた。さらに同年5月には、この報告内容を受けた「福祉サービスの第三者評価事業の実施要領について（指針）」が通知として出された。

能性が開けると論じています。

(2) プログラム評価とプロジェクト評価

コミュニティワークにおける評価については、5章で前述しました。それを再掲すると、次の三つの指標を基礎とする評価となります。

① タスク・ゴール：目標の達成度、事前評価や計画実施の妥当性、今後の課題などの評価
② プロセス・ゴール：計画の展開での住民の主体形成の度合いや関係した機関・組織の活動への前向きさの評価
③ リレーションシップ・ゴール：住民の権利意識や草の根民主主義の定着や実行の度合い、自治体の構造変革や民主化の程度といった、住民の連帯感や関係性の評価

先に述べた枠組に基づいて、これらの評価の指標を位置づけし直すと、三つとも中間もしくは事後という評価のタイミングで行い、タスク・ゴールとプロセス・ゴールは目標に基づいた特定評価で、リレーションシップ・ゴールは目標から自由なモニタリング評価であると理解できます。

こうした教科書的なコミュニティワークの評価の指標は、地域福祉の現状からみると不十分になっています。そこで本章では、既述の評価の枠組も基礎にして、地域福祉計画に求められる評価を再構成します。

まず、枠組として基本となるのは、行うべき評価がプログラム（program）評価なのかプロジェクト（project）評価なのかという点です。プログラム評価とは、地域福祉計画の基本構想から課題計画へとブレークダウンするなかで定められた、計画の目標が達成された成果を体系立てて評価するものと規定します。

これに対してプロジェクト評価は、地域福祉計画の実施計画における施策や事業の妥当性と成果を客観的に評価することと規定します。そしてプログラム評価にせよ、プロジェクト評価にせよ、英語で「成果」を意味する言葉が、次のように多義にわたる点に注意します。

① アウトプット（output）：施策や事業の実施で得られる直接的な成果もし

くは結果

② アウトカム（outcome）：施策や事業の実施の結果で起こった、（個人レベルの）対象者の態度・行為・知識・技術あるいは地位上の変化

③ インパクト（impact）：施策や事業の実施の結果で起こった、地域社会・組織もしくは制度面での変化

これらの成果の意味もふまえながら、次に地域福祉計画における評価を整理するための軸を検討します。

（3）評価の整理軸

地域福祉計画での評価を再構成するために、前述した評価の枠組に対して整理軸をもって分類をし、計画に対する評価の特性を明確にします。その整理軸は、次の「目的軸」「範囲軸」「時間軸」「主体軸」の四つで表現します。

1）目的軸

目的軸では、まず地域福祉計画におけるプログラム評価なのか、それとも施策や事業のプロジェクト評価なのかの選択を行う。それに従って重点を置くべき成果は、アウトプット（直接効果）・アウトカム（個人レベルの波及効果）・インパクト（社会レベルの波及効果）のどれに相当するのかを検討する。

2）範囲軸

範囲軸では、計画の目標に基づいた特定評価なのか、それとも目標から自由なモニタリング評価なのかの選択を行う。そして目的軸と同様、それに従って重点を置くべき成果は、上記の三つのどれに相当するのかを検討する。

3）時間軸

時間軸では、施策や事業を展開する時期を見計らって、事前評価・中間評価・事後評価を実施する検討を行う。

図表14-1 地域福祉計画における評価の整理軸

○プログラム評価 ○プロジェクト評価 成果　┌ アウトプット（直接効果） 　　　├ アウトカム（個人レベルの波及効果） 　　　└ インパクト（社会レベルの波及効果） 【目的軸】	○特定評価 ○モニタリング評価 成果　┌ アウトプット（直接効果） 　　　├ アウトカム（個人レベルの波及効果） 　　　└ インパクト（社会レベルの波及効果） 【範囲軸】
【主体軸】 ○自己評価 ○参加型評価 ○第三者評価	【時間軸】 ○事前評価 ○中間評価 ○事後評価

4）主体軸

　主体軸では、評価を行う主体が誰になるのかを検討する。計画策定では、策定主体の「自己評価」、パブリックコメントなどの手法を用いた「参加型評価」、そして評価システムを組織して行う「第三者評価」などの主体に分けられる。

　以上のような評価の整理軸を用いて、地域福祉計画で実施すべき評価を検討した後、最終的に定性的評価か定量的評価かを選択します。これによって地域

福祉計画での評価はかなり全体像が明瞭になりますが、しかしまだフィードバックの評価をどのように行うかの問題が残っています。

2節　プログラム・セオリー評価とロジック・モデル

(1) プログラム・セオリー評価の内容

5章でフィードバックは、課題計画や実施計画を策定中や策定後において、基本構想との整合性を確認して各計画を修正したり、実施計画の施策や事業の展開中に、課題計画との相互評価をしたりするものと述べました。

地域福祉計画の実施計画の策定で行うフィードバックの評価は、設定した施策や事業の目標を検討するうえで、実施の妥当性などを事前評価します。そうした実施計画でのフィードバックの評価は、次の三つが焦点となります。

① 施策や事業は、住民にとって必要なものであるか。
② 施策や事業は、実施が可能なものとなっているか。
③ 施策や事業は、どのような成果を生むと予測されるか。

①は、設定した施策や事業の対象者のニーズなどの基礎データや、関係する専門職の意見によるニーズの再評価に基づいて検討されます。それに対して②と③では、プログラム・セオリー評価の技法を用いながら、住民の参加型評価として実践することが適切です。

このプログラム・セオリー評価とは、施策や事業の論理的な構造（**ロジック・モデル**）を明らかにし、その内容や質を評価するものです。そこでは、実施計

ロジック・モデル（Logic Model）：アメリカのシンクタンクであるアーバン・インスティチュート（Urban Institute）が、1970年代に開発した技法である。一般的には、施策や事業の展開において、「投入」（Inputs）―「活動」（Activities）―「直接効果」（Outputs）―「波及効果」（Outcomes）の因果関係を示したものとなる。ただしこれは、プログラム・セオリー評価（Evaluation based on Program Theory）の実用的アプローチといえる技法である。これに対して、プログラム・セオリー評価を社会科学理論として高めたのは、1980年代にChen and Rossiが提唱した理論主導型評価（Theory-Driven Evaluation）とされている。

画で設定した施策や事業のインプット（投入）からアウトカム（波及効果）までの一連の流れを注視し、予想される仮定の連鎖（ロジック）について、因果関係が妥当であるのかを論理的に評価します。

先述したプロジェクト評価が、中間もしくは事後評価として施策や事業の実績を評価するのに対し、プログラム・セオリー評価は事前評価であり、さらに施策や事業の理論を評価するのが特徴です。この評価を実施するうえでは、次の関係を系統立ててビジュアル化して示すロジック・モデルの作成が要件となります。

① 施策や事業に投じる資源
② 基本構想・課題計画・実施計画の内容
③ 施策や事業の実施で生じる、期待される変化の成果

地域福祉計画では、基礎となる地域福祉の理論が体系化されていない事情もあり、施策や事業の論理的展開の議論が十分になされないまま、計画の策定を行う場合があります。その結果、計画の内容が偏重してしまい、計画の実施後、施策や事業の正当化に都合のよい事後評価が施される傾向もみられます。

こうした負の展開を回避するためにも、計画の策定主体と施策・事業の実施者、さらに関係者や住民が、目的や目標を共有してプログラム・セオリー評価を実施することが有効となります。またこれらの人々において、社会的なコミュニケーションを豊かにする道具としてもロジック・モデルは価値があります。

（2）施策・事業効果のフロー図

ロジック・モデルの枠組は関係書籍によって多様であり、創意工夫が可能です。本節では、地域福祉計画の実施計画のプログラム・セオリー評価に見合うロジック・モデルの様式として、図表14-2のような施策・事業効果のフロー図を作成します。

この図表の枠組での記入においては、①の社会資源の投入は、人的資源や財源にとどまらないソーシャル・キャピタルも含みます。③のアウトプットには、地域福祉の施策や事業を実施して抽出した課題へ与える直接効果を記入します。

14章 計画の成果を評価し、実践の力量を高める──評価の技法と展開　199

図表14-2　施策・事業効果のフロー図

(1) 施策や事業を実施する内部環境・外部環境

	内　部　環　境	外　部　環　境	抽出した課題・目標の設定
プラス要因			
マイナス要因			

(2) 実施計画における施策・事業の実施

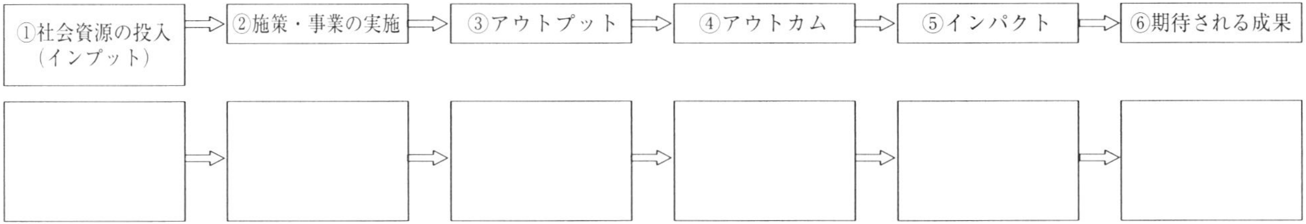

①社会資源の投入（インプット）→ ②施策・事業の実施 → ③アウトプット → ④アウトカム → ⑤インパクト → ⑥期待される成果

そして④のアウトカムと⑤のインパクトには、施策・事業とアウトプットの結果で生まれる個人レベルと社会レベルの波及効果をそれぞれ記入します。こうして地域福祉計画のプログラム・セオリー評価としてロジック・モデルを用いることで、実施計画の実行可能性を明確にすることができます。

12章では、ネットワークの密度について説明しました。厚生労働省の「孤立死ゼロ・プロジェクト」（孤立死防止推進事業）を進めるうえで、個人情報の公開に前向きな住民とそうでない住民がいることで、地域福祉の第一線の現場は対象者との"間合い"の取り方に苦慮しています。そうした場合に、ネットワークの密度の高さをプラス要因にとらえるか、マイナス要因にとらえるかの分析で個別の対応が異なってきます。

仮にネットワークの密度の高さをマイナス要因と分析した場合には、ネットワークの密度の低さをプラス要因としていく内部環境（近隣活動など）や外部環境（脱地域的な活動など）を考えながら、課題を抽出したり目標を設定したりして、施策・事業効果のフロー図を完成させます。

以上のように作成した施策・事業効果のフロー図は、前章で述べた地域福祉の事業構想のモデルと併用することによって、実施計画のプログラム・セオリー評価は一層効果的なものとなります。そうした地域福祉の事業構想のモデルと施策・事業効果のフロー図があれば、計画の実施目標や期待される成果に対して、さまざまな関係者や住民の合意が得られやすくなります。

もし、これらの人々から合意が得られなければ、適用したワークデザイン法においての「4）設定目標レベル（アウトプット）を確定する」の段階までフィードバックし、再度、目的（機能）展開を修正したり、設定目標レベルを変更したりする見直し作業を図ることが有効です。

3節　エンパワーメント評価の定義と原則

(1) エンパワーメント評価の定義

　ロジック・モデルによる施策・事業効果のフロー図は、新しい公共の担い手となるNPOが、その活動を外部資金の調達によって実行する場合に、必要不可欠な説明の道具となるものです。もちろんNPOだけでなく、市区町村社協などが未来像や使命に基づいた実践案を住民などに評価してもらう機会でも、施策・事業効果のフロー図は有用な道具となります。

　そうした道具を使いこなせるために、住民が評価の全体像を把握したうえで技法を理解する、あるいは評価に必要な判断能力を習得するのを支援するエンパワーメント評価の意義が強調されています。このエンパワーメント評価について、フェターマン（Fetterman, D.M.）とワンダースマン（Wandersman, A.）は、次のように定義しています（Wandersman, A. et al. 2005：28）。

① プログラムの利害関係者（stakeholder）に、施策の計画・実施・自己評価を評価するための道具を提供し、

② プログラムと組織の計画と管理の一環として評価を組み入れることにより、プログラムの成功を達成する可能性を高めることをめざす評価方法。

　こうしたエンパワーメント評価では、地域福祉の施策や事業の対象者である住民自身の自主的な評価を重視し、トップダウンではなくボトムアップの手法を用います。これまで述べてきた評価の目的が、施策や事業の改善などであったのに対し、エンパワーメント評価では施策や事業の対象者の自立、そして福祉コミュニティの持続的な発展が主な目的に位置づけられます。

　言い換えると、地域福祉計画の策定主体と対等な関係を保ちながら、住民の自己決定と自己責任を促すのがエンパワーメント評価になります。これまでの市町村地域福祉計画の策定では、計画の内容に対してパブリックコメントを募ったり、実施計画の中間年に外部評価委員会を設置したりし、計画の進捗状況を点検や評価するのが参加型評価の通例でした。その対象や参加手法は、「参加

型」と評してもごく限定的なものでした。こうした状況を改善するためにも、エンパワーメント評価の導入が鍵となります。

このようなエンパワーメント評価は、地域福祉の施策や事業のある時点だけを対象とするものではなく、地域福祉課題の連関モデルのように、その全体を視野に入れることが求められます。さらに、この評価を実践するうえでは「目標に基づいた評価」だけでなく、「目標から自由な評価」の視点も必要となってきます。

(2) エンパワーメント評価の原則

先述した定義のようにエンパワーメント評価は、地域の住民や要援護者（プログラムの利害関係者）が地域福祉の施策や事業を計画・実施・評価する能力を高めて、その実績をあげるのをエンパワーメント評価者が援助する技法となります。

こうしたエンパワーメント評価を地域福祉の分野で実践するには、その方法論について考察の余地を残しています。フェターマンとワンダースマンは、エンパワーメント評価は従来の参加型評価のアプローチと一部の価値や方法を共有するが、次のような10の原則がある点でそれとは区別されると論じています（Wandersman, A. et al. 2005：29-38）。

1）改善（Improvement）

エンパワーメント評価は、プログラムを成功させる目的のために、人材・プログラム・組織および当事者における改善を評価する。そしてエンパワーメント評価者は、エンパワーメント評価の技法と道具を用いて、プログラム・組織・コミュニティが効果を得るように援助する。

2）コミュニティ主権（Community Ownership）

エンパワーメント評価では、エンパワーメント評価者の援助を得て利害関係者が評価を実施し、評価結果を利用する。プログラムの利害関係者は、プログ

ラムや評価について重要な意思決定の責任を有する。

　エンパワーメント評価者は、コンサルタント・ファシリテーター・コーチ・教育者および重要な友人としてプロセスに影響を与えるが、意思決定権はもっていない。ただし、それはエンパワーメント評価者が、強く意見は述べないことを意味するものではない。評価分野での専門家としての権威をエンパワーメント評価者は放棄しないが、この権威は当事者の意思決定権を奪うまでには至らない。

　3）包括（Inclusion）
　エンパワーメント評価は、包括的で意思決定への主要な利害関係者の直接参加を伴うコミュニティ主権を推進する。そしてエンパワーメント評価者は、プログラムや組織の評価が、さまざまな階層からの利害関係者やスタッフを計画や意思決定に関与させることで利益を得ると考える。

　4）民主的参加（Democratic Participation）
　エンパワーメント評価は、利害関係者が適切な情報と状況を与えられた際に、知的な判断や行動の能力をもつことを前提とする。そして民主的参加は、利害関係者の賛同の確立に重要であり、それはコミュニティに存在する知識や技術を最大限に活用するための過程として、審議や連携の重要性を強調するものとなる。

　5）社会正義（Social Justice）
　エンパワーメント評価者は、社会正義（資源・機会・義務および交渉力の公正、公平な分配）に対する推進の責任を信頼し、これを有する。

　6）コミュニティの知識（Community Knowledge）
　エンパワーメント評価では、コミュニティの知識を強化するのに役立つ道具の開発に重点を置く。そして当事者の体験は、最良の実践へと導くのに必須の

資源と考える。

7）実証に基づく戦略（Evidence-based Strategies）
エンパワーメント評価は、科学と証拠に基づいた戦略の役割に価値を置く。そしてコミュニティのニーズに対応するプログラムの設計や選択の過程で、関連する証拠や最良の実践の介入に基づいた批評に対しては、早期に考慮することが重要であると考える。

8）能力の強化（Capacity Building）
利害関係者による評価の能力とプログラムの計画や実施を改善するための能力を同時に強化するように、エンパワーメント評価は設計される。

9）組織的な学び（Organizational Learning）
エンパワーメント評価の基本原則である改善は、学習を促す過程と学習を促す組織が存在する場合に、さらに強化される。

10）説明責任（Accountability）
エンパワーメント評価は、説明責任を関係者や実践者の相互責任および双方向の責任と考える。そして成果を得るために利害関係者は、これらの者の相互の説明責任に関与する。

以上のように、エンパワーメント評価はプログラム評価の範疇にあり、そして住民や利害関係者にとって討議民主主義の具現化をめざすものとなります。ただし、エンパワーメント評価は、その実施だけで機能を発揮するものではありません。こうした評価の結果により、計画の施策や事業の選択において変更や改善を図ることにつながる社会システムの確立が求められます。
また、エンパワーメント評価の実施では、評価に専門性をもつ評価者の援助の役割が重要となります。原則2にあるように、評価者は決して黒子の立場に

ある者ではなく、積極的に実務を遂行します。それは評価の設計に始まり、データの収集・分析・解釈を行い、そして評価の結果をしかるべき場で報告します。

さらにエンパワーメント評価者には、利害関係者の意識・態度・行動の効果的な変容を促すために、評価ワークショップの運営ノウハウを蓄積すること、そのワークショップにおいて有能なファシリテーターを確保する手腕が求められます。

（3）地域福祉における評価の位置関係

長年の間、地域福祉論で議論されてきた「住民主体の原則」は、このエンパワーメント評価を実施することにより、実質的な方法論の中に位置づけられます。コミュニティワークとしての計画の策定では、問題の発見から始まって、その問題を構造化したうえでコミュニティの対象化を判断し、あるべき実践を考えてきました。そのうえで計画の策定で地域福祉の目的から個別目標へとブレークダウンされ、最終的にプログラム評価やプロジェクト評価によって、計画の策定主体に対して「目標の達成度」が評価される方法論として説明しました。

これに対して、プログラム・セオリー評価やエンパワーメント評価は、住民の主体性を尊重する方式で、最終的に「課題の解決度」を評価する流れにあります。次頁の図表14-3のように、この両者の評価の成果は相補関係をめざす位置にあります。将来的に目標の達成度と課題の解決度を限りなく近似値にするためには、コミュニティで計画の策定主体と各種の実践主体の協働（パートナーシップ）をより有意義にするようなソーシャル・アクションが必要となります。

そこに至るまでには、地域福祉の実践主体側の構成員となる住民を含んだ利害関係者が、どれだけ力量形成されるかが試金石となります。こうした目標をもって、先述したプログラム・セオリー評価により、地域社会の問題群から一定の課題を抽出したことの正当性を確認します。さらに、エンパワーメント評価のワークショップを開催して、地域福祉計画の目標設定についての妥当性も

206　Ⅱ部　コミュニティワークの実践理論

図表14-3　地域福祉における評価の位置関係

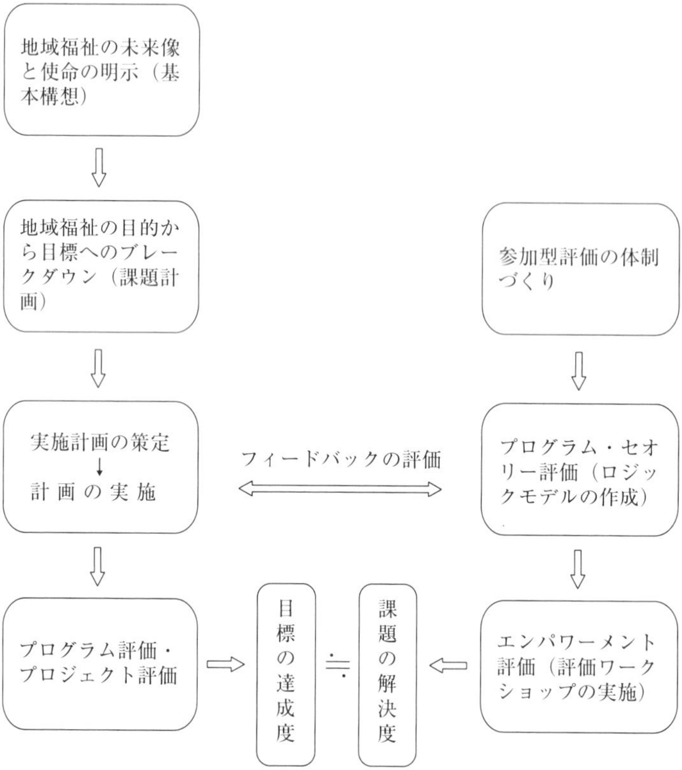

```
┌─────────────┐
│地域福祉の未来像│
│と使命の明示（基│
│本構想）      │
└──────┬──────┘
       ↓
┌─────────────┐                              ┌─────────────┐
│地域福祉の目的か│                              │参加型評価の体制│
│ら目標へのブレー│                              │づくり        │
│クダウン（課題計│                              └──────┬──────┘
│画）          │                                     ↓
└──────┬──────┘                              ┌─────────────┐
       ↓              フィードバックの評価      │プログラム・セオ│
┌─────────────┐       ←――――――――→          │リー評価（ロジッ│
│実施計画の策定 │                              │クモデルの作成）│
│  ↓           │                              └──────┬──────┘
│計 画 の 実 施 │                                     ↓
└──────┬──────┘                              ┌─────────────┐
       ↓         ┌────┐ ┌────┐              │エンパワーメント│
┌─────────────┐ │目標│ │課題│              │評価（評価ワーク│
│プログラム評価・│⇒│の達│÷│の解│⇐            │ショップの実施）│
│プロジェクト評価│ │成度│ │決度│              │              │
└─────────────┘ └────┘ └────┘              └─────────────┘
```

　検討していきます。このようなエンパワーメント評価のワークショップでは、住民や利害関係者に十分な判断力をもってもらうために、先述した10の原則に基づきながら、エンパワーメント評価者は運営を進めることが求められます。

　古川俊一（2000：33）は、①業績を測定し、結果を証明すること、②政策形成と課題解決に市民参加を増やすこと、の二点が自治体行政の課題であると述べています。そして、30余りの自治体を対象にしたアメリカの調査では、自治体の行政サービスの向上策として、評価に市民活動を巻き込んでいく有効性が実証されているとし、自治体にとって有益な活動に資する三つの要素は、「政府の政策形成と実施」「市民参加」「業績評価」であると指摘しています。

同氏の指摘をふまえると、本章で述べてきたプログラム・セオリー評価やエンパワーメント評価などの住民参加の評価方式は、計画の策定主体と地域福祉の実践主体が真の協働関係の確立するための技法として価値があるといえます。

> **14章のまとめ**
>
> ① これからの計画の評価では、評価の対象となる施策や事業とその成果の因果関係を説明する評価の技法に着目し、詳細に実績を検証することが求められます。
>
> ② 簡便な数的処理を施した評価や関係する職員などの経験知に基づいた表面的な評価では、結局、施策や事業のスクラップ・アンド・ビルドのための道具として利用される結末に至ることが多いといえます。
>
> ③ 特にプログラム・セオリー評価などで、施策や事業の論理的な展開を明確にしないと、外部に置かれた実践者や住民が施策・事業の構造を理解できないままに、そうした施策や事業の正当化に都合のよい評価が先行してしまい、結果として計画の策定主体に対する不信感を増大させることになります。

15章 地域福祉のイノベーションを考える

──ソーシャル・アクションと計画の未来形

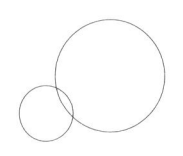

〈方法の概要〉

　15章では、ローカル・ガバナンスの議論が地域福祉に対して問うている意味を理解し、これを進めるうえでソーシャル・アクションの技術を用いる方法を考察します。このソーシャル・アクションの展開では、地域変容と地域変革の二つの目標があることを述べ、それを達成するための要件として、「ゆるやかなアソシエーション」を組織化するあり方を論じます。

　そして本章の要点として、自律分散型シナリオ・プランニングを進める方法論を提案し、それが地域福祉のイノベーションへとつながる意義を強調します。

◆

Key Words：ローカル・ガバナンス、ソーシャル・アクション、中範囲理論、イノベーション

1節　ローカル・ガバナンスが地域福祉に問うもの

(1) 新たな公共とローカル・ガバナンス

　近年において、二元的な公私観から三元論的な観点への転換を図る公共哲学が注目されています。その三元論的な観点では、「国家＝政府」という「お上の公（おおやけ）」ではなく、真にpublicの観念へと値するように「政府の公／民の公共／私的領域」を相関関係にあるものとしてとらえる、新たな公共が目標となります。

　1990年代以降、ローカル・ガバナンスの論議が活発になってきたのも、新たな公共への関心と軌跡を同じくしています。ローカル・ガバナンスの概念については、さまざまな論者が定義していますが、地域の問題解決の能力を向上させる目的をもって、組織の境界を越えた住民を含む各種の非営利なセクターと連携や協働を構築するあり方に、最大公約数的には焦点化されます[1]。

　こうした新たな公共やローカル・ガバナンスの背景には、「自治体行政を好転させたい」「地方分権を進めたい」という分権型社会への期待があります。さらに関連して、1998（平成10）年の特定非営利活動促進法の成立後のＮＰＯ活動の広がりも、この議論を後押ししています。これらは住民自治の実現に向けて、参加型民主主義の社会基盤（infrastructure）の拡充を求めているものであり、その論議の方向性に異を唱える者は、おそらくいないと思われます。けれども、地域福祉論の側からみると、まだ方法論上の考察の余地はあると受け止められます。

　まず、参加型民主主義を問うたときに、多くの住民や活動組織が首尾よく参加を果たしたとしても、そこで自治体行政の専門性と相対するという問題があ

真にpublicの観念：英語のパブリックには、①公共の、②公開の、の意味の他に、③国家の、④（国民）一般の、という意味が混在する。それに対して政治哲学者のアーレント（Arendt, H.）は、著書『人間の条件』(1958) において、公共性を国家と個人の垂直的な関係ではなく、「対等な人々の活動」という水平的な関係としてとらえた。

ります。その際に、極めて多岐にわたる専門化した行政の領域に対し、住民や活動組織が的確な意見を言うのはかなり困難であるのも事実です。この現実を看過すると、ローカル・ガバナンスは机上の空論となります。

このような参加する主体側がもつべき専門性の問題に対しては、実践コミュニティ（Community of Practice）が回答の一つとして示されています。この実践コミュニティの概念について、高橋満（2009：84）は次のように述べています。

> 実践コミュニティとは、社会的実践とそこで行われる学習をとおして結びつけられる人びとのネットワークである。コミュニティの関係性によって実践が可能となるとともに、そうした実践への関与が人びとのコミュニティへの参加をもたらすのである。実践とコミュニティは相互依存的であり、分離不可でもある。

上記のような実践コミュニティは、地域社会での学習をキーワードとした「専門領域の実践情報を共有するコミュニティ」ともいえます。そこでは、いかなる場で何を学習するのかという目標の設定と、いかにして地域でそうした活動を拡充させていくのかという戦略の立て方が、当面の課題となります。

（2）ローカル・ガバナンスと地域福祉の課題

新たな公共やローカル・ガバナンスの理論による影響もあって、1990年代までは在宅福祉サービスの供給を基軸にしていた地域福祉が、再びコミュニティや住民自治を問うあり方へ揺り戻しされた感があります。

しかし、ここで留意しなければならない点があります。過度な目標設定をした計画において、多くの課題が手つかずのままとなる計画のジレンマを9章で説明しました。地域福祉の問題解決を目標とするローカル・ガバナンスにおいても、公的セクターと私的セクターの間で責任の所在があいまいになり、自治体行政の思惑とローカル・ガバナンスの形態にギャップが生じて、当初に期待した通りには効果的な連携が運ばない「ガバナンスのジレンマ」に陥る危険性があります。

こうした点も考慮して、これまで住民の一人ひとりが自己を活性化し、地域福祉の担い手として施策や事業に関わる方法を論じてきました。本章でもロー

カル・ガバナンスの構築を意識し、地域福祉の課題として次の二点を取り上げます。
　①　地域福祉の持続的発展を目標とした、住民へのエンパワーメントの機会と場の提供
　②　地域福祉の困難課題の打開を目標とした、住民への公共的意識や方法論的な思考の醸成

①の課題は、地域福祉計画の策定に関連して、前章で述べたエンパワーメント評価を実行することが基本的な対応となります。そして②の課題は、個人の尊厳と公共性を相補的に理解できる住民を増やしていき、目前の困難の打開を目標としながら、地域福祉の理想を求めて準備することを意味します。そしてそれは、地域福祉を目標としたソーシャル・アクション（以下、ＳＡと略）へと展開していきます。

3章で既述したようにＳＡは、1968年にロスマンが「不利益を被っている住民が組織化を図って発言権や意思決定権を獲得し、社会資源の改善や開発をしたり、また権力機構を変革したりしていく活動」と規定して、三つの方法モデルのモデルＣに位置づけられました。1960年代頃から貧困・人種差別・都市問題などが顕在化していたアメリカで、ＳＡはソーシャルワークの技術として認識され、専門のソーシャルワーカーが用いる技術の一つとして確立したのです。

ＳＡについて日本では、これまで二つの側面で論じられてきました。その一つは、社会的な発言力が弱く、身体的・精神的なハンディをもつ当事者に代わって、こうした人々と関わる専門職や関係者が中心になって行動するものです。もう一つは、社会的なハンディなどに当事者が直面しながらも、その要求実現のために組織化を図るものです。これに関しては、日本でも障害者運動の歴史的な事例がありました。

以上の二つの側面に加えて、本節ではローカル・ガバナンスを目標としたＳＡの戦術を考察します。ここでのＳＡは、「社会運動」と翻訳された階層に基づいたイメージをもつ運動ではなく、一般住民が広く参加する形態であり、そしてロスマンの方法モデルの混合アプローチを戦術として適用します。

このようなＳＡの考え方は、すでに1970年代から社会学の領域で、**新しい社会運動**としての論考がありました。これから述べるＳＡも、市民運動と共通点をもった新しい社会運動の範疇にあります。けれども、ローカル・ガバナンスを目標とするＳＡは、次の二点において固有の課題を有しています。
　①　他者との共生に向けて協働し、コミュニティとしての意識を高める戦術
　②　個人の自立と尊厳を保障するために、地域のあり方を変えていく戦術
　上記のうち、①を「地域変容のＳＡ」と規定します。そして②は「地域変革のＳＡ」と規定します。この地域変容と地域変革を目標とするＳＡを戦術として立案し、ローカル・ガバナンスの構築に地域福祉からアプローチすることを主題とします。

（3）「地域変容」と「地域変革」のソーシャル・アクション
　地域変容のＳＡとは、他者との共生に向けて実践主体間の連携を密にし、前述した実践コミュニティなどにおける参加者の意識の変容（transformation）を促す活動を主として展開するものです。言い換えると、地域変容のＳＡは要援護者に対する住民の意識や態度の変容を図る「意識的な環境改善」を実践するものとなります。
　3章で紹介したハーディナは、ロスマンの三つの方法モデルに「変容させるモデル」を付け加えることの有効性を論じました。この方法モデルの特性は、コミュニティが特定の人々を抑圧している逆機能の問題をとらえることにあります。地域変容のＳＡにおいても、逆機能に対してコミュニティの構成員に自省的な意識の醸成を図り、相互の学習を通じて対等な立場を保障する行動を促して、共生社会を具現化していきます。

新しい社会運動：労働運動との対比において与えられた名称である新しい社会運動は、環境保護やフェミニズム、人権・反原発・平和などの多様なテーマを掲げる一方、既成の政治路線への統合を拒否し、運動のプロセスを重んじながら、生活一般の支配的な形式を問題として取り上げる傾向をもつ。また1970年代に、都市社会学者のカステル（Castells, M.）が示した分析概念である「都市社会運動」もその一つとなる。

もう一方の地域変革のＳＡの戦術は、地域変容のＳＡよりも可視的なものを対象とします。具体的には、次の二つが目標となります。

① 要援護者の生活や活動を阻害している物的条件の改善や整備を図る「物的な環境改善」
② 要援護者の社会参画を促進するために、必要な制度的条件の改善や整備を図る「制度的な環境改善」

これに関連して本間義人（2007：34）は、次のように述べています。

> 地域を再生させるにはまず、どういう地域につくり変えるのか、その目標を掲げなければなりません。その目標は当然ながら地域によって異なるものです。しかし、地域をつくっていくうえで共通する基本的、原則的、あるいは原理的な目標があるはずなのはいうまでもありません。それらのなかで第一に掲げるべき目標は、そこに住み、暮らす、すべての人々の人権が保障された地域をつくることだと考えます。それは地域再生にとって最小限の目標であり、また最大の目標ともいっていいでしょう。

このような地域再生を図るまちづくりと同様に、地域変革のＳＡでも人権の保障などの課題を取り上げていきます。そうした権利が保障された地域をつくる考え方は、アメリカの都市計画の分野で**アドボケイト・プランニング**として、ロスマンの方法モデルよりも早い時期に提起されています。

以上のように複線思考でＳＡを実行するうえでは、それを単なる批判勢力の台頭とみるのではなく、均衡的なシステムとしての民主主義社会を認識します。そこでは問題の発生によってさまざまなＳＡが隆起しても、問題が解決されると均衡状態を回復し、より民主主義が成熟していくと考える発想の転換が求められます。こうしたＳＡを進めるためには、次に述べる三つの要件を関係者や住民が理解することが大切になります。

アドボケイト・プランニング（Advocate Planning）：この概念の歴史について、青山貞一は「アメリカの1950～60年代にニューヨークなどのアメリカの大都市において都市計画や法律分野の専門家が公共事業などの実施で立ち退かされるマイノリティ（少数民族）を弁護、支援するというボランティアの社会運動にその由来を持つものである」と紹介している（日本環境プランナーズ会議1991：35）。

（4）ゆるやかなアソシエーションの組織化

　地域変容や地域変革のＳＡを推進する第一の要件は、福祉のまちづくりにおいて住民の内発的な力を引き出し、それを支援していくための「ゆるやかなアソシエーション」を組織化することです。ローカル・ガバナンスの構築に向けて、このアソシエーションは地域福祉の側からの住民参画の足場となるものであり、次の三つを構成要素とします。

　① 　地域の公益を学ぶ実践コミュニティの形成
　② 　ＳＡの戦略を構想する「市民福祉会議」の創設
　③ 　ＳＡの戦略を実行するアリーナの設置

　最初の①は既述したように、地域社会での学習をもって専門領域の知識情報を共有する実践コミュニティを形成するものです。この専門領域の知識情報とは、地域の公益（public interest）としての**シビル・ミニマム**に関連する知識情報などが該当します。地域福祉のシビル・ミニマムは、ノーマライゼーションやソーシャル・インクルージョンの理念に基づいて導き出され、さらに自治体内での地域間格差も考慮されます。このような実践コミュニティとしての学習の場については、社会教育と地域福祉の連携を進めるなかでも、その形態を検討することが大切です。

　次の②は、先述した意識的・物的・制度的な環境改善を討議のテーマとする地域の協議体を意味します。当然ながら、そうした地域福祉の環境改善のテーマは、実践コミュニティでの学習を基礎とします。あくまで「市民福祉会議」は仮称ですが、これは前章で述べたエンパワーメント評価を実践する母体にもなります。そのために市民福祉会議はＮＰＯや社協などの関係者だけで構成され

アソシエーション（association）：20世紀初頭にマッキーヴァー（MacIver,R.M.）が定義した概念であり、人々がある共同目的に基づいて創る確定した社会的統一体を意味する。
シビル・ミニマム（和製英語）：松下圭一によって創唱された、市民レベルで維持すべき最小限度の生活水準を指し、自治体が住民の生活のために保障しなければならないとされる概念である。社会的に認められる最小限度の国民生活水準をシビル・ミニマムは意味し、国家が広く国民全体に対して保障すべき必要最低限の生活水準とされるナショナル・ミニマム（national minimum）の概念と対置する。

るのではなく、地域貢献に熱心な企業なども含めた誰もが参加できるフォーラム（forum：意見交流の場）の形態で組織され、学びと情報が交換できる場としても機能することが適切です。

最後の③は、ソーシャル・アクションの現代的な展開の最前線となるものです。このアリーナ（arena：意思形成の場）は、上記した市民福祉会議の参加メンバーを中心としながら、首長を含む自治体職員や議会議員などと共にエンパワーメント評価を実施したり、求められる地域福祉へ発展するための意思形成を図ったりする場となります[2]。

ＳＡを進める第二の要件は、住民の意思を反映している対象として「ゆるやかなアソシエーション」が自治体から正式に承認されたうえで、その自治体と協働のルール化を図ることです。そこでは、アリーナで意思形成された提案を

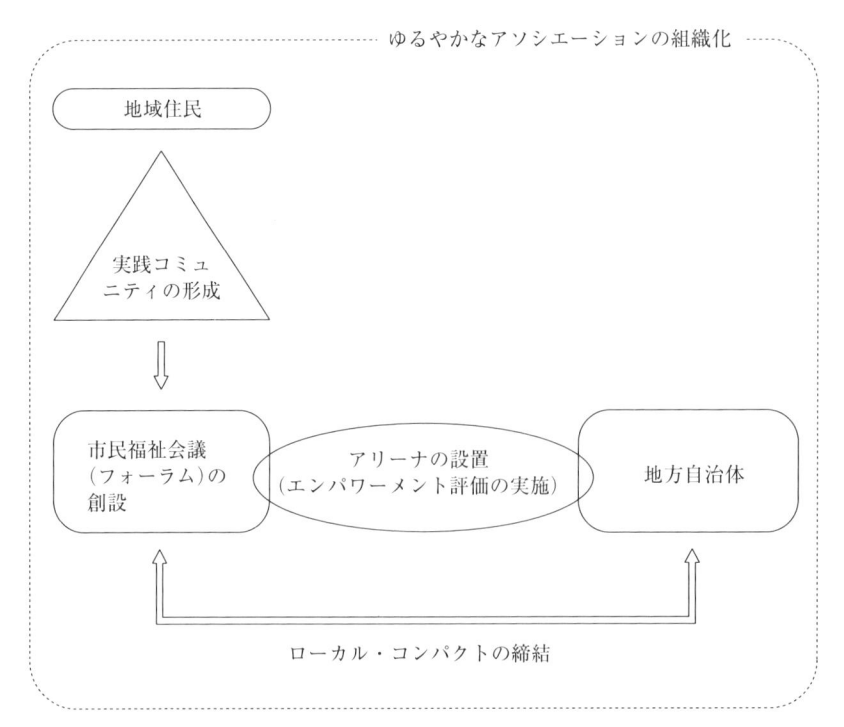

図表15-1　ソーシャル・アクションの展開の構図

自治体が受け入れて検討することを明文化するものとして、地域福祉の実践主体が自治体行政と**ローカル・コンパクト**を取り交わすことも、ＳＡの戦術としてあります[3]。

以上の第一要件と第二要件の構成要素を満たすＳＡが展開する構図を示すと、図表15-1のようになります。

ＳＡを進める第三の要件は、時間に関する対応です。こうした構成要素でＳＡの戦術を実行した場合、一般の住民は一部のリーダーに運営を依存してしまい、住民の主体的なＳＡへと進展しない恐れがあります。そのためにも、実践コミュニティや市民福祉会議などでは十分な情報が提供され、地域福祉の環境改善の目標に対する合意形成に向けて、時間をかけて審議を尽くすことが重要です。

時間に関しては、別の要件もあります。それは地域変容や地域変革のＳＡは時間がかかるために、参画できる住民や組織は限られてくるという問題への対処です。このために、行政の縦割りの弊害の是正や情報公開を促進しながら、時間や労力などで関与した参加の主体に対しては、きちんとした評価をする対応が大切となります。

2節　自律分散型シナリオ・プランニングの構想

（1）合理的選択論としてのコミュニティワーク

社会福祉法で法定化された市町村地域福祉計画、そして市区町村社協が策定する地域福祉活動計画では、計画の策定委員会などで学識経験者が主要な役職

ローカル・コンパクト（Local Compact）：地方政府と地方のボランタリーセクターが、相互の利益のために関係を改善する協定であって「地域包括協定」とも訳される。サッチャー保守党政権以降、非営利セクターが公共の担い手となったイギリスで、1998年にブレア労働党政権において、初めてナショナル・コンパクトが締結された。

日本では、2004（平成16）年に愛知県知事と約600のＮＰＯ団体代表が『あいち協働ルールブック2004』の協定を取り交わしたのが、最初のコンパクトとなる。

に就いて審議を掌握しながら、地域福祉の課題に対して住民や関係者と合意形成をし、社会資源を適切に配分して施策や事業を実施へ導く調整型の手法が採られています。

当然ながら、そうした計画策定のプロセスでは、住民参加が強調されています。けれどもあくまで住民は参加の主体であって、計画策定の主体には想定されていません。このように、地域福祉の目的達成のために社会資源の最適配分を選択する計画策定を軸とした技術を「合理的選択論としてのコミュニティワーク」と呼称します。

この合理的選択論としてのコミュニティワークは、既述のように地域の組織化では合理主義的パラダイムをもって、地縁型の活動組織である自治会や社協などの諸活動を強化する方針を掲げます。そして福祉の組織化では、要援護者の援助を目的としたミクロからマクロへと多層化した目的合理的なネットワークを推進します。

こうした合理主義的パラダイムをもった地域の組織化と目的合理的なネットワークを統合したものは、「安心」を追求する地域福祉の組織化となります。そこでは問題発見から問題解決への社会システムの構築が目標とされ、また各種の専門職の連携と社会資源の動員や開発を図って、地域での総合的な支援機能の確立を図ります。

さらに、問題発見や問題解決の社会システムを精緻なものとするために、小地域社協の段階で地域福祉活動計画を策定する各地の動向も、合理的選択論としてのコミュニティワークの目的に適ったものといえます。どちらかといえば、比較的人口が均質化した県庁所在地などの地方中心都市において、合理的選択論としてのコミュニティワークはうまく適合し、先駆的な実践事例も生まれました。

高齢化が一段と進む自治体の関係者だけでなく、身近な地域での福祉に携わる実践者にとっても、このコミュニティワークは支持されます。最終的には要援護者のニーズの多様化に対して、小地域レベルで高度な専門性を発揮して援助するあり方をめざすので、「合理的選択論としてのコミュニティワークの目標は、

コミュニティ・ソーシャルワークの目標と同等である」と再解釈することも可能です。

（2）中範囲理論としてのコミュニティワーク

この一方で、本書ではコミュニティを実在空間である以上に、意味空間としてとらえる視座をもって「住民の帰属意識」「要援護者のニーズ」「実践者の活動範域」からコミュニティを対象化しました。そのうえで、リゾーム的に生成・発展している実践主体に対して、プロセス志向的パラダイムをもった地域の組織化と規定しました。こうしたプロセス志向的パラダイムをもった地域の組織化と価値合理的なネットワークを統合することで、「自立」を追求する地域福祉の組織化になると論じました。

以上のように問題の特性を認識しながら、コミュニティを対象化して実践を考えることを軸とした技術を「**中範囲理論としてのコミュニティワーク**」と呼称します。1970年代から錬成されてきた地域福祉論は、実践の全体を包括する概念枠組を提供しながら、あるべき活動に対しての視野とそれに基づく実践のアプローチを定義づける包括理論が、最初に提起されました。それに従って、基礎自治体の社協やＮＰＯの実践に焦点を当て、これらの実践を分析して帰納法的に進むべき方向性を見いだしていく実践理論の研究が続いていきました。

このような理論の動向に対して、不特定なコミュニティの範域での対象者や実践者のあり様もとらえて、問題解決の方向性を演繹的に考えるのが中範囲理論としてのコミュニティワークとなります。既述した点も含めて、そうした考え方がなぜ必要とされるのかについては、次のような理由で説明されます。

① 限界集落などを抱えた地域社会の変動が著しく、五年間の計画の実施期間内にその変動を予測しきれず、臨機応変な支援を必要としている。

中範囲理論（middle-range theory）：マートン（Merton, R. K.）によって提唱された、社会学における理論と実証を統合するための指針の理論である。ここでの中範囲とは、ミクロとマクロの中間の意味と、具象と抽象の中間の意味とが含まれており、総じてこの理論は、個別領域の経験的研究によって発見された事実を抽象化して得られる命題群を意味する。

② 地域福祉における対象者の多様化により、旧町村や中学校区という小地域内で解決できる課題が限定されてしまい、自治体全体での水平的な調整が求められている。

③ ＮＰＯやセルフヘルプ・グループなどの「脱地域的・シングルイッシュー的」な実践主体の増加で、これらの活動を調整する中間支援組織が不可欠になっている。

先に述べた合理的選択論としてのコミュニティワークに基づいた計画策定だけでは、予定調和的に問題解決ができなかったり、あるいは問題の本質をとらえきれなかったりする状況が現れています。そうした事態に対処するためにも、次に中範囲理論としてのコミュニティワークに基づいた計画策定を構想します。

（3）自律分散型シナリオ・プランニング

シナリオ・プランニングとは欧米の経営学で提唱されている概念であり、「未来のビジネス環境を予測し、それぞれのシナリオに描かれた未来が起こる確率を算出することで、事業を管理する」ものとされています（Heijden =1998：i-vii）。この概念を地域福祉に応用した、中範囲理論としてのコミュニティワークに基づいた計画策定を「自律分散型シナリオ・プランニング」と呼称します。

自律分散型シナリオ・プランニングは、構造化した地域福祉の問題に対して解決の方向性を予測し、この解決に求められる協働のあり方を実践主体が自己決定して、行うべき活動を計画化するものとなります。そうした自律分散型シナリオ・プランニングを進めるうえでは、次の三つが要件となります。

① 未来像へ向かうシナリオの構想

② 戦略・戦術の合意形成

③ ゆるやかなアソシエーションの組織化

自律分散型シナリオ・プランニングでは、参画する実践主体や住民の意思決定を尊重し、未来像への目標に向かってコミュニティを対象化しながら地域福祉実践のシナリオを創出します。次に、上記した要件の内容について説明します。

1）未来像へ向かうシナリオの構想

　リゾーム的に生成・発展している実践主体が増加し、多元化が進んだ地域福祉の実践状況において、各々の使命に基づいて実践主体は活動しながらも、地域福祉の未来像を共有することが重要となる。そのうえで実践主体はコミュニティを対象化して、他の社会資源や主体との連携を図るシナリオを構想する。

　また、これらの実践主体が自治会や社協などの地縁型活動組織と協働し、要援護者の問題解決に有効なコミュニティを対象とした施策や事業を企画することも、自律分散型シナリオ・プランニングの課題となる。

2）戦略・戦術の合意形成

　戦略の合意形成は、地域福祉の目的である「すべての住民が安心して暮らせるまちづくり」について、各実践主体が価値観・生活様式・行動様式の側面から協働のあり方を展望する討議から始動する。これに並行して、高齢者・障害者・児童などの福祉対象者に応じたノーマライゼーションやソーシャル・インクルージョンなどの基本的な理念、またバリアフリーやアドボカシーなどの関連する概念も共有しながら、その各分野で地域福祉を前進させる戦略のシナリオについて検討していく。

　さらに、地域福祉の環境改善の現状を評価したうえで、ソーシャル・アクションの現代的な展開を行う戦術の必要性についても合意形成を図る。

3）ゆるやかなアソシエーションの組織化

　自律分散型シナリオ・プランニングを進めるうえでの要点は、多様な地域福祉の実践主体が、対等の関係でもって意思決定をすることにある。決して、計画の策定主体の協議の場に「参加」するのではない。また、このプランニングに参画する実践主体の多くは、制度の対象外となった要援護者には対象化したコミュニティで支援する一方、そうした制度の構造を再設計することに関心をもっている。

　このために、本章で述べたＳＡの要件である「ゆるやかなアソシエーション」

は、そのまま自律分散型シナリオ・プランニングを推進する母体にもなりうる。

　以上のように、多元化の進んだ地域福祉の実践主体がこれらの構想・合意形成・組織化を図って、新たな地域福祉実践の展望をもつことが、自律分散型シナリオ・プランニングの主要な目標となります。また、本書で先に述べた地域福祉計画の策定の技法は、この自律分散型シナリオ・プランニングにおいても参照されます。

　こうした実践は、ロスマンの方法モデルすべての混合アプローチの適用を意味しています。そして究極的には「高齢者の地域福祉」「障害者の地域福祉」「児童の地域福祉」などの各々の実践主体が分散し、シナリオ・プランニングによってあるべき協働を自己決定していくことが、地域福祉計画の未来形の一側面となります。

（4）地域福祉のイノベーション

　地域福祉の方法論は、これから二つのあり方に収れんされると考えます。その一つは、コミュニティ・ソーシャルワークなどの技術を用いた地域ケアを基軸とする社会システム構築の方法論です。そこでは、個別的な問題の発見から解決に至る社会システムの「タテの精緻化」の方向性をもって、目標達成のために資源の最適配分を選択する合理的選択論としてのコミュニティワークで推進されます。

　これに対してもう一方は、多角化する地域福祉の要請に対応する方法論です。本節で説明した自律分散型シナリオ・プランニングでは、ゆるやかなアソシエーションの場を通じて異なった価値観をもつ実践主体が相互理解を図り、先述した構想・合意形成・組織化の要件を満たすなかで施策や事業を創出して協働します。そこでは、地域で拡散した要援護者の支援のために「コミュニティの対象化」の技法をもって、地域福祉の環境改善を図る中範囲理論としてのコミュニティワークで推進されます。

　以上のように、二つのあり方で収れんされる地域福祉の方法論を比較すると、

15章 地域福祉のイノベーションを考える──ソーシャル・アクションと計画の未来形　*223*

図表15-2　二つの方法論による実践の比較

理論の特性	合理的選択論としてのコミュニティワーク （社会資源の最適配分の選択）	中範囲理論としてのコミュニティワーク （問題の固有性とコミュニティの対象化）
地域の組織化	合理主義的パラダイム （地縁型活動組織である自治会や社協）	プロセス志向的パラダイム （リゾーム的に生成・発展している実践主体）
福祉の組織化	目的合理的なネットワーク （ミクロからマクロへの多層化の援助）	価値合理的なネットワーク （ネットワークの適切な密度と範域）
組織化の統合	「安心」を追求する地域福祉の組織化 （小地域での問題発見と解決機能）	「自立」を追求する地域福祉の組織化 （自立の支援とエンパワーメント機能）
計画の策定	住民参加の調整型プランニング （地域住民や関係者との合意形成）	自律分散型シナリオ・プランニング （シナリオの構想と協働の自己決定）
重視する技術	コミュニティ・ソーシャルワーク （多様化したニーズへの専門性の発揮）	ソーシャルワーク・アドボカシー （社会正義を目的とした制度変革への弁護）

　図表15-2のようにまとめられます。こうした二つの方法論が生み出す実践の拮抗関係のなかで、これからの地域福祉は、いかに活動のイノベーション（innovation）を生み出すかが目標となります。このイノベーションという単語を「技術革新」とだけ訳すのは誤訳であり、正しい意味はthe introduction of something newであって、「社会に新しい価値をもたらす行為」と解釈されます。

　これまでロスマンの方法モデルを基礎としながら、地域福祉実践のイノベーションを探る方法論を考えてきました。そこにおいては、少子高齢化がもたらす諸影響が強調される社会情勢に対して、福祉コミュニティの形成に関与する人々の価値観や感性などから、求められる活動の目標の幅（Zone of Finality）をとらえようとする複線的な論考に終始しました。

　最終的には、広域化した自治体において適切なコミュニティを対象化し、そこで実践に関わる人々の価値観や感性などからの内発的・開拓的な展開過程を予測して枠づけ（framing）することで、地域福祉における住民の主体性はより発揮されやすくなるというのが本書の結論になります。

15章のまとめ

① 自律分散型シナリオ・プランニングの特徴は、地域福祉の実践主体の自律性（autonomy）を尊重する点にあります。そこでは、先駆的な活動の発想が一つの実践主体から創造されると、それがネットワークを通してコミュニティ全体へ周知されます。それに別の主体が意味づけて、あるべき協働を自己決定するような**自己組織性**をもった地域福祉の進展を自律分散型シナリオ・プランニングは設計する技法となります。

② 自律分散型シナリオ・プランニングに関与するコミュニティワーカーには、いかにボランティアや当事者がもつ個人知の活用をできるかが問われます。具体的には、地域福祉の実践主体に蓄積された組織知とともに、コミュニティに内在する有用な個人知を積極的に見いだし、これらを統合していく力量が求められます。地域福祉の内発的発展や地域社会の自律的再生を進めていくうえでは、このようなコミュニティワーカーの側面的な支援が不可欠となります。

【注】
1）ガバナンス（Governance）は「共治」や「協治」と訳されて、自治体行政が民間の活動団体との対等な関係による協働を通して、地域の問題解決を図る考え方となる。これに関して神野直彦（2004：9）は、ソーシャル・ガバナンスについて「『自助組織』にせよ『他助組織』にせよ、社会システムが政治システムや経済システムの領域へと外延的に拡大し、結果として社会システムが政治システムの担っていた社会統合機能を代替していくことを意味している」と述べている。
2）このアリーナの実施で市民側にとって望ましい結論に至らない場合、戦術としてコート（court：異議申し立ての場）へと持ち込む展開もある。
3）サッチャー政権時代のイギリスでは、積極的な民営化によりNPOへの事業委託が増加した結果、その契約にNPOが束縛され、本来の独立性が損なわれた。1997年にブレア政権となって、

自己組織性：伝統的な組織論では、組織もしくは人間は、あらかじめ決められたことしかできないと考えられていたのに対し、自己組織化は組織内部の要因によって主体的に組織を変化させていく概念となる。そして、社会学として追究する自己組織性は「システムが環境と相互作用するなかで、みずからの構造を変化させ新たな秩序を形成する性質」と定義されている（今田 1986：176）。

市民による自発的な社会づくりこそが21世紀のイギリスの土台と認識された。そこで政府とNPOの対等性を確保して各々の責務を明らかにするため、1998年にナショナル・コンパクトが策定されて、コミュニティセクター・ボランタリーセクター・行政セクターが協約を取り交わした。

2004年4月までに、ローカル・コンパクトが全国の自治体で定められた。これにより、NPOが独立した存在で行政と対等な関係と認められ、NPOが長期的な計画が立案できるように、行政は複数年にわたる事業委託を約束している。また、NPOが影響を受けるような新しい政策を立案する際には、事前に通告して意見を聴取している。NPO側も公的資金についての説明責任を果たし、政府情報を得た場合には守秘義務の責任をもつようになった。

補論Ⅲ：現象学的社会学

　現象学的社会学とは、フッサール（Husserl, E.）によって提唱された現象学の方法をウェーバー（Weber, M.）の理解社会学に応用している社会学の領域です。この現象学的社会学では、生活世界（life-world）の構成とそれに結びついた人々の意識状態を分析し、記述することを主な目的としています。

　現象学的社会学の創始者であるシュッツ（Schütz, A. =1980：6）は、「人が、意図的であれ、習慣的であれ、有意味な行為を行うということ、つまり、人が達成すべき目的に導かれたり、なんらかの経験によって動機づけられたりすることはどのようにして可能だろうか」という関心をもって、人間生活の日常性に問いかけました。

　そしてシュッツ（=1980：94-95）は、行動（conduct）を自発的生に由来する有意味な経験であるとし、行為（action）を前もって頭の中で考えられた行動であると定義しました。そのうえでシュッツは、行為はしばしば動機づけられた行動と呼ばれているが、本来、動機という語には、次の区別すべき概念内容を含むと指摘します。

① 目的動機（in-order-to motive）
　　行為者が彼の計画のなかであらかじめ想定した未来の事態を、自己の行為によってもたらそうとする動機

② 理由動機（because motive）
　　行為者の観点からみて、彼にその行為を決定せしめた過去の経験に関する動機

　さらにシュッツ（=1980：96-99）は、目的動機が主観的なカテゴリーであるのに対して、理由動機は客観的なカテゴリーであると判断しました。本書で述べた合理主義的パラダイムをもつ実践者とプロセス志向的パラダイムをもつ実践者が、同じ場において社会的な相互作用をしあうとする課題の提起は、こうした目的動機と理由動機を交換し、その意義などを確かめる作業となるものです。

このような日常の生活世界を対象として、人々によって共有された常識的知識を扱っていく現象学的社会学は、シュッツの弟子であるバーガー（Berger,P.L.）とルックマン（Luckmann, T.）により、理論が進展しました。二人は「客観的現実としての社会」と「主観的現実としての社会」の二つの側面を通して、社会の構成を整理しました。そしてこれらは同時に存在するため、社会を理論的に正しく理解するには、この両側面を同時に押さえなければならないと主張しました。この結果、二つの側面で認識される社会は、「外化」「客観化」「内在化」の契機からなる不断の弁証法的過程として理解したときに、正しく把握できると判断しました（Berger and Luckmann =1977：218）。

　バーガーとルックマンがとらえた三つの契機の内容は、次のように要約されます。
① 外　化：人間がその願望や意図を共同生活の場で実現していこうとする
　　　　　過程
② 客観化：ひとたび実現され、あるいは変形を加えられた共同生活世界が、
　　　　　個人に対して外的で規範的な現実に転化する過程
③ 内在化：客観化された世界が人間の主観的意識構造に転化される過程、
　　　　　つまり社会が人間のアイデンティティ形成に関与する過程

　主観的な意味世界が外化され、外化された諸活動は客観的現実として客観化されます。そして客観化されたものは制度として正当化され、個人に内在化されて主観的現実となります。こうした弁証法的過程の図式のなかで、バーガーとルックマンは、制度化・正当化・社会化・アイデンティティ形成にも概念的な考察をし、共同社会の諸現象を説明しました。

　それに関して飯田剛史（1990：103-104）は、バーガーとルックマンの弁証法的過程を批判的に修正し、自律的に発達する人格やアイデンティティの展開については、独立した「主体化」の概念を加えた、次頁の図表のような弁証法図式を示しています。

　この飯田の弁証法図式は、地域福祉の理論とも適合するので、13章で示した社会的な相互作用のための第二の道具における基礎としました。以上のように、

図表補Ⅲ-1　人間と社会の弁証法図式

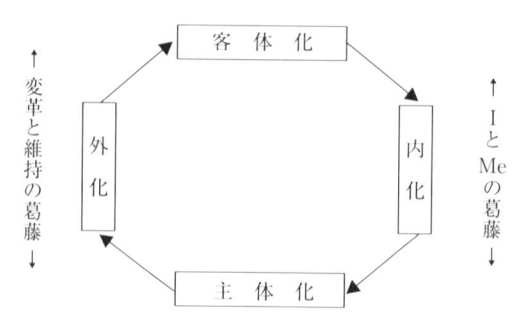

```
        客 体 化
    ↗           ↘
  外化            内化
    ↖           ↙
        主 体 化
```

↑変革と維持の葛藤↓　　↑IとMeの葛藤↓

出典) 飯田 (1990：104)

現象学的社会学の研究では人間の主体性の主観的な側面をとらえ、それが社会との関わりとともに発展する局面が図式化されています。

文献一覧

Bateman, Neil (1995): *Advocacy Skills: A Handbook for Human Service Professionals*, Arena.（=1998、西尾祐吾監訳『アドボカシーの理論と実際――社会福祉における代弁と擁護』八千代出版）

Berger, Peter L. and Luckmann,Thomas (1966): *The Social Construction of Reality – A Treatise in the Sociology of Knowledge*, Doubleday & Company, New York.（=1977、山口節郎訳『日常世界の構成――アイデンティティと社会の弁証法』新曜社）

Community Care: Agenda for Action; A report to The Secretary of State for Social Services by Sir Roy Griffiths. (1988), Her Britannic Majest's Stationery Office, London.（=1989、小田兼三訳『コミュニティケア：行動のための指針／グリフィス報告』海声社）

Dominguez, Silvia (2008): Social Capital in Terry Mizrahi and Larry E. Davis Editors in Chief, *Encyclopedia of Social Work* 20[Th] Edition, NASW PRESS.

Erikson, Erik H. (1950): *Childhood and Society* (2nd ed.), W. W. Norton & Company, Inc..（=1977、仁科弥生訳『幼児期と社会　1』みすず書房）

Ezell, Mark (2001): *Advocacy in The Human Services*, Brooks/Cole.

Hardcastle, David A. and Powers, Patricia R. with Wenocur, Stanley (2002): *Community Practice, Theories and Skills for Social Workers*, Oxford University Press.

Hardina, Donna (2002): *Analytical Skills for Community Organization Practice*, Columbia University Press.

Heijden, Kees van der (1996): *SCENARIOS – The Art of Strategic Conversations, John* Wiley & Sons.（=1998、西村行功訳『シナリオ・プランニング――戦略的思考と意思決定』ダイヤモンド社）

Lee, Bill (1996): *Pragmatics of Community Organization* (3rd ed.), Commonact Press.（=2005、武田信子・五味幸子訳『地域が変わる　社会が変わる　実践コミュニティワーク』学文社）

Lipnack, Jessica. and Stamps, Jeffrey (1982): *Networking – The First Report and Directory*, Doubleday, Ron Bernstein Agency Inc.（=1984、社会開発統計研究所訳『ネットワーキング――最初の報告と手引き』プレジデント社）

Mead, Margaret and Brown, Muriel (1966): *The Wagon and The Star: A Study of American Community Initiative*, Curriculum Resources, Inc..（=1970、富田虎男・渡辺真治訳『コミュニティ＝その理想と現実』北望社）

Mickelson, James S. (1995): Advocacy in Richard L. Edwards et al. eds., *Encyclopedia*

of Social Work 19Th Edition , NASW PRESS.
Mintzberg, Henry (1994): *The Rise and Fall of Strategic Planning*, Prentice Hall. (=1997、中村元一監訳『「戦略計画」創造的破壊の時代』産業能率大学出版部)
Putnam, Robert D. with Robert Leonardi and Raffaella Y. Nanetti (1993): *Making Democracy Work: Civic Traditions in Modern Italy*, Princeton, NJ: Princeton University Press. (=2001、河田潤一訳『哲学する民主主義——伝統と改革の市民的構造』NTT出版)
Putnam, Robert .D. (2000): *Bowling Alone: The Collapse and Revival of American Community*. New York: Simon & Schuster. (=2006、柴内康文訳『孤独なボウリング——米国コミュニティの崩壊と再生』柏書房)
Ragins, Mark (2002): *A Road to Recovery*, Metal Health Association in Los Angeles County. (=2005、前田ケイ監訳『ビレッジから学ぶ リカバリーへの道——精神の病から立ち直ることを支援する』金剛出版)
Report of The Committee on Local Authority and Allied Personal Social Services. (1968), Her Britannic Majesty's Stationery Office, London. (=1989、小田兼三訳『地方自治体と対人福祉サービス』相川書房)
Ross, Murrey G. (1955,1967): *Community Organization: Theory, Principles, and Practice*, Harper & Row, Publishers, Inc.. (=1968、岡村重夫訳『コミュニティ・オーガニゼーション：理論・原則と実際』全国社会福祉協議会)
Rothman, Jack (1968): Three Models of Community Organization Practice, *National Conference on Social Welfare, Social Work Practice*, Columbia University Press.
――― (1995 a): Introduction of Parameters of Intervention, Jack Rothman and John L.Erlich and E. Tropman eds., *Strategies of Community Intervention* (5th ed.), F. E. Peacock Publishers, Inc..
――― (1995 b): Approaches to Community Intervention, ibid.
――― (1999): A Very Personal Account of the Intellectual History of Community Organization, Jack Rothman ed., *Reflections on Community Organization*, F. E. Peacock Publishers,Inc. .
Schneider, Robert L. and Lester, Lori (2001): *Social Work Advocacy*, Brooks/Cole.
Schütz, Alfred (1970): *On Phenomenology and Social Relations* (Edited by Helmut R. Wagner), The University of Chicago Press. (=1980、森川眞規雄・浜日出夫訳『現象学的社会学』紀伊國屋書店)
Social workers – Their Role & Tasks (2nd ed.): *The report of a Working Party set up in October 1980, at the request of the Secretary of State for Social Services, by the National Institute for Social Work under the chairmanship of Mr.Peter M.Barclay*. (1982), Bedford Square Press. (=1984、小田兼三訳『ソーシャルワーカ

一：役割と任務―英国バークレイ委員会報告』全国社会福祉協議会）

Specht, Harry and Vickery, Anne eds. (1977): *Integrating Social Work Methods*, George Allen & Unwin, London. (=1980、岡村重夫・小松源助監修訳『社会福祉実践方法の統合化』ミネルヴァ書房）

Tropman, John E. (1995): Community Needs Assessment in Richard L. Edwards et al.eds., *Encyclopedia of Social Work* (19Th ed.), NASW PRESS.

Twelvetrees, Alan (2002): *Community Work* (3rd ed.), Palgrave Macmillan. (=2006、杉本敏夫訳『コミュニティワーク』久美出版）

Wandersman, Abraham et al. (2005): The Principles of Empowerment Evaluation, David M. Fetterman and Abraham Wandersman eds., *Empowerment Evaluation Principles in Practice*, The Guilford Press,Inc..

Weil, Marie (1994): Preface, Audrey Faulkner and Maria Roberts-DeGennaro and Marie Weil eds., *Diversity and Development in Community Practice*, The Haworth Press, Inc..

天野正子（1996）『生活者とは誰か』中央公論社（新書）.

安西祐一郎（1985）『問題解決の心理学』中央公論社（新書）.

飯田剛史（1990）「バーガーとルックマンの社会学」中久郎編『現代社会学の諸理論』世界思想社.

石川准・長瀬修編（1999）『障害学への招待』明石書店.

今川晃・出口道昭・新川達郎編（2005）『地域力を高めるこれからの協働』第一法規.

今田高俊（1986）『自己組織性』創文社.

─── （1994）『混沌の力』講談社.

浦光博（1992）『支えあう人と人―ソーシャル・サポートの社会心理学』サイエンス社.

大橋謙策（2001）「地域福祉計画の基本枠組み及び策定の視点と地域福祉実践」大橋謙策・原田正樹編『地域福祉計画と地域福祉実践』万葉舎.

─── （2008）「地域トータルケアとコミュニティソーシャルワーク」井岡勉監修、牧里毎治・山本隆編『住民主体の地域福祉論―理論と実践』法律文化社.

岡村重夫（1974）『地域福祉論』光生館.

小田兼三（2002）『コミュニティケアの社会福祉学』勁草書房.

金子郁容（1986）『ネットワーキングへの招待』中央公論社（新書）.

川喜田二郎（1967）『発想法』中央公論社（新書）.

瓦井昇（2003）「コミュニティワークとは何か」杉本敏夫・斉藤千鶴編『改訂・コミュニティワーク入門』中央法規出版.

─── （2006）『新版 福祉コミュニティ形成の研究』大学教育出版.

五百井清右衛門・黒須誠治・平野雅章（1997）『システム思考とシステム技術』白桃書房.

斉藤達三（1994）『総合計画の管理と評価』勁草書房．
定藤丈弘（1988）「インターグループワーク」仲村優一・岡村重夫・阿部志郎・三浦文夫・柴田善守・嶋田啓一郎編『改定新版　現代社会福祉事典』全国社会福祉協議会．
神野直彦（2004）「新しい市民社会の形成―官から民への分権」神野直彦・澤井安勇編『ソーシャル・ガバナンス』東洋経済新報社．
杉岡直人（2001）「現代の生活と地域福祉概念」田端光美編『社会福祉選書・7　地域福祉論』建帛社．
全国社会福祉協議会編（1982）『社協基盤強化の指針』全国社会福祉協議会．
―――（1984）『地域福祉計画―理論と方法』全国社会福祉協議会．
髙田真治（1979）『社会福祉計画論』誠信書房．
高梨智弘（2006）『ベンチマーキング入門―ベストプラクティスの追求とナレッジマネジメントの実現』生産性出版．
高橋満（2009）『ＮＰＯの公共性と生涯学習のガバナンス』東信堂．
武川正吾（1992）『地域社会計画と住民生活』中央大学出版部．
―――（2005）「地域福祉計画の概要」武川正吾編『地域福祉計画―ガバナンス時代の社会福祉計画』有斐閣（アルマ）．
―――（2006）『地域福祉の主流化―福祉国家と市民社会Ⅲ』法律文化社．
田中弥生（1999）『「ＮＰＯ」幻想と現実』同友館．
田端光美（2003）『イギリス地域福祉の形成と展開』有斐閣．
鶴見和子・川田侃編（1989）『内発的発展論』東京大学出版会．
所めぐみ（2005）「英国のコミュニティワークの動向」『地域福祉研究』No.33、日本生命済生会福祉事業部．
内閣府国民生活局編（2001）『2001年市民活動レポート―市民活動団体等基本調査報告書』財務省印刷局．
直田春夫（2003）「住民参加とＮＰＯ―参加から政策協働へ」月刊『地方自治職員研修』臨時増刊No.74『住民参加の考え方・すすめ方』公職研．
中島恵理（2005）『英国の持続可能な地域づくり―パートナーシップとローカリゼーション』学芸出版社．
永田幹夫（1988）『地域福祉論』全国社会福祉協議会．
中根千枝（1978）『タテ社会の力学』講談社（新書）．
中野民夫（2001）『ワークショップ』岩波書店（新書）．
錦澤滋雄（2005）「自由討議の場としてのワークショップ」原科幸彦編『市民参加と合意形成―都市と環境の計画づくり』学芸出版社．
日本環境プランナーズ会議（NEPA）編（1991）『アドボケイトプランニング』第一書林．
濱野一朗・大山博編（1988）『パッチシステム―イギリスの地域福祉改革』全国社会福祉協議会．

古川俊一（2000）「市民参加の評価方式―制度化の可能性と課題」行政管理研究センター編『行政の評価方式に関する調査研究』行政管理研究センター．
堀井秀之（2004）『問題解決のための「社会技術」』中央公論新社（新書）．
本間義人（2007）『地域再生の条件』岩波書店（新書）．
牧賢一（1966）『コミュニティ・オーガニゼーション概論』全国社会福祉協議会．
牧里毎治（1993）「高齢者をめぐるソーシャル・サポート・ネットワーク」沢田清方・上野谷加代子編『日本の在宅ケア』中央法規出版．
松田武雄（2007）『現代社会教育の課題と可能性―生涯学習と地域社会』九州大学出版会．
松谷明彦編（2009）『人口流動の地方再生学』日本経済新聞出版社．
松原一郎（1993）「連携と分権の位相」右田紀久恵編『自治型地域福祉の展開』法律文化社．
松原治郎（1978）『コミュニティの社会学』東京大学出版会．
山口稔（2010）『コミュニティ・オーガニゼーション統合化説―マレー・G・ロスとの対話』関東学院大学出版会．
山谷清志（2000）「評価の多様性と市民―参加型評価の可能性」西尾勝編『行政評価の潮流―参加型評価システムの可能性』行政管理研究センター．

初出一覧

　本書は、下記の拙稿においてコミュニティワークに関して述べた部分を全面的に加筆・修正したものに、新たに書き下ろした文章を大幅に加えて構成しました。そのために、どの論稿が本書の各章に該当するのかを明確に示すことはできませんので、論稿名だけをあげておきます。

（1）「地域援助技術（コミュニティワーク）とネットワーキング」硯川眞旬編『新・社会福祉方法原論』ミネルヴァ書房、1996年。
（2）「コミュニティ・インターベンションの混合アプローチの視点」日本生命済生会・福祉事業部『地域福祉研究』No.28、2000年。
（3）「コミュニティワークとは何か」杉本敏夫・斎藤千鶴編『コミュニティワーク入門』中央法規出版、2000年。
（4）「コミュニティワークとしての計画策定」『ソーシャルワーク研究』28巻1号、相川書房、2002年。
（5）「ソーシャルワーク・アドボカシーの理論と実践の戦略」日本地域福祉学会『日本の地域福祉』第16巻、2003年。
（6）『新版　福祉コミュニティ形成の研究』大学教育出版、2006年。
（7）「コミュニティワークの理論と地域福祉計画」塚口伍喜夫・明路咲子編『地域福祉論説』みらい、2006年。
（8）「ネットワーキングの意味と方法」坪井眞編『地域福祉の理論と方法』みらい、2009年。

索　引

≪あ行≫

アイデンティティ …………………… 145, 148
アウトカム ……………………………… 195, 196
アウトプット …………………………… 194, 196
アウトリーチ …………………………… 78-80
アソシエーション ……………………………… 215
新しい社会運動 ………………………………… 213
アドボケイト・プランニング ……………… 214
天野正子 ………………………………………… 70
新たな公共 …………………………………… 210
安西祐一郎 ……………………………………… 87
イーゼル(Ezell, M.) …………………… 63, 64
飯田剛史 ……………………………………… 227
一般法人 …………………………………… 147, 148
イノベーション ……………………………… 223
今川晃 …………………………………………… 77
今田高俊 …………………………………… 149, 160
インターグループ・ワーク …… 19, 20, 23, 159
インナーシティ ………………… 47, 73, 74, 103
インパクト ………………………………… 195, 196
ウェイル(Weil, M. O.)と
　　ギャンブル(Gamble, D. N.) ………… 34
浦光博 ………………………………………… 163
エルバーフェルト制度 ………………………… 9
応答性の原則 ………………………………… 146
大橋謙策 ……………………………………… 46, 114
岡村重夫 ……………………………… 62, 75, 140
小田兼三 ……………………………………… 44

≪か行≫

外部アドボカシー ……………………………… 64
課題計画 …………………………………… 54, 55, 124
基本構想 … 54, 106, 111, 112, 116, 117, 119, 120
協働 ……………………………………… 5, 14, 117-119
共同募金 ………………………………………… 132

記録 ……………………………………………… 59
クラス・アドボカシー ………………………… 63
グリフィス報告 ………………………………… 43
グローカル …………………………………… 166
ケアネット活動 ……………………………… 170
ケアマネジメント ………………………… 44-47
計画のジレンマ ……………………… 114-116, 122
ＫＪ法 …………………………………………… 85
形態分析法 …………………………… 101-103, 105
ケース・アドボカシー ………………………… 63
限界集落 ………………………………………… 74
現象学的社会学 …………………… 178, 179, 226-228
公共哲学 ……………………………………… 210
公民館 ……………………………………… 151, 152
公民館運営協議会 …………………………… 154
個人情報保護法 …………………………… 136-138
孤独死 ………………………………………… 72, 186
コミュニティ・インターベンション
　　………………………………… 16, 28-31, 33, 108
―――の混合アプローチ
　　……………………………… 30, 31, 37, 62, 212, 222
コミュニティ・オーガニゼーション（ＣＯ）
　　……………………………… 7, 11-13, 17-23, 26-29
コミュニティケア ……… 40, 41, 43, 44, 48, 49
コミュニティ・ソーシャルワーク
　　……………………… 41-48, 169, 170, 219, 222, 223
コミュニティ・ディベロップメント … 20, 21
コミュニティ・ニーズ・アセスメント …… 99
コミュニティ・ビジネス …………… 126, 127
コミュニティ・プラクティス・
　　インターベンション ……………………… 34
コミュニティ・リレーションズ …… 20, 21, 28
コミュニティの共通の絆 …………………… 77
―――の共同性 …………………… 77, 78, 103
―――の地域性 …………………… 76, 77, 91

コミュニティワーカー ……… 6, 14, 35, 92-94
　――――の役割 ……20, 24, 27, 62, 86, 87
コミュニティワークの戦略…………………… 98
コンサルテーション ………………………… 169
コンパクトシティ ……………………… 74, 81

≪さ行≫

済世顧問制度・方面委員制度 ……………… 9
在宅福祉サービスの戦略 …………………… 49
シーボーム報告 ………………………… 40, 41
ジェネラリスト ……………………………… 29
ジェフリース（Jeffries, A.）………………… 36
自己組織性…………………………………… 224
システムズ・アプローチ ……………… 185, 188
自治型ＮＰＯ ……………………………… 154
市町村計画策定方法研究報告 …………… 111
市町村社協法制化 ……………………… 110, 111
実践コミュニティ ……………… 211, 215, 217
シビル・ミニマム ………………………… 215
社会教育法 ……………………………… 152, 154
社会資源 ……… 8, 14, 58, 127-129, 164, 165
社会福祉基礎構造改革 …………………… 4, 193
社会福祉協議会（社協）… 11-13, 48, 49, 110, 111
　――――基本要項 ………………………… 23
　小地域―――― ……………………… 76, 146
社会福祉法 ………………………………… 4, 193
シュッツ（Schütz, A.）……………… 178, 226
シュナイダー（Schneider, R. L.）と
　　レスター（Lester, L.）……………… 64, 65
障害学………………………………………… 142
シングル・イッシュー化 ………………… 149
人口減少社会 …………………………… 71, 72
神野直彦…………………………………… 224
ＳＷＯＴ分析 …………………………… 175-177
スティグマ ………………………………… 105
ストレングス視点 ………………………… 100
成年後見制度 ……………………………… 66

セツルメント運動 ……………………… 10-12
セルフ・アドボカシー ………………… 179
セルフヘルプ・クリアリングハウス
　……………………………… 145, 146, 154
セルフヘルプ・グループ ………… 143-145
全国母子寡婦福祉団体協議会 ………… 153
全日本手をつなぐ育成会 ……………… 153
ソーシャル・アクション（ＳＡ）
　…………………………… 35, 58, 62, 212-217
ソーシャル・アドミニストレーション …… 30
ソーシャル・インクルージョン …………… 6
ソーシャル・キャピタル ……………… 127-129
ソーシャル・サポート・ネットワーク … 157
ソーシャルワーク・アドボカシー……… 63-66

≪た行≫

第三者評価 ……………………………… 193, 196
髙田真治 …………………………………… 111
髙橋満………………………………………… 211
武川正吾 ……………………………… 110, 114
タスク・ゴール ……… 21, 22, 60, 107, 130, 194
脱地域的な活動 ………… 77, 78, 104, 118, 200
田中弥生 ……………………………………… 78
地域組織化（地域の組織化）
　……………… 57, 140-143, 148-152, 168, 169
地域通貨……………………………………… 133
地域の診断 ……………………………… 52, 53
地域ファンド ……………………………… 132
地域福祉 …………………………………… 4-7
　――――圏域 …………………………… 164, 165
　――――コーディネーター ……… 169, 170
　――――の使命 ………………………… 119
　――――の未来像 ……………… 116-119, 124
地域包括支援センター ………………… 79, 165
地方自治体社会サービス法 ………………… 41
中間支援の組織 ………………………… 153
中山間地域…………………………………… 73, 74

中範囲理論……………………………… 219
ツウェルヴツリース(Twelvetrees, A.)…… 45
ディマンド ………………………… 99, 100
デルファイ法 ……………………………… 84
東京都における地域福祉推進計画の
　基本的あり方について ………… 115, 120
道具的理論………………………… 16, 24
統合化説 ………………………………… 20-23
特定評価…………………………… 193, 194

≪な行≫
内発的発展………………………………… 54, 55
内部アドボカシー ……………………… 64
中根千枝……………………………………… 161
ニーズ・資源調整説 ………………… 18, 19
ニード ……………………… 17, 18, 99, 100
二次医療圏………………………………… 164
錦澤滋雄 ……………………………… 85, 105
日常生活圏域………………………………… 164
ニュースッター(Newsetter, W. I.)… 17, 19
認知症の人と家族の会 ……………………… 153
ネットワーキング ……………………… 156
　福祉─── …………………… 161-165
ネットワーク ……………………… 156, 166
　───の密度 ……………………… 163, 200
　───の境界密度 ……………… 163-165

≪は行≫
バーガー(Berger, P. L.)と
　ルックマン(Luckmann, T.) …… 179, 227
バークレイ報告 ……………………… 41-43
ハーディナ(Hardina, D.) ……………… 35, 98
パッチシステム ……………………… 41, 42
パットナム(Putnam, R. D.) ……………… 128
パブリックコメント ……………………… 134
パラダイム ……………………………… 150
ハンブルク・システム ……………………… 9

ＰＤＣＡサイクル ……………………… 59
一人暮らし老人の会 ……………………… 153
評価 ……………………………… 59, 60, 132
　エンパワーメント─── ……… 201-205
　プログラム─── …… 194-196, 205, 206
　プログラム・セオリー─── …… 197, 198
　プロジェクト───
　　　…………………194-196, 198, 205, 206
ヒラリー(Hillery, G.A., Jr.)……………… 75
フィードバック……………………… 60, 127, 188
フェターマン(Fetterman, D. M.)と
　ワンダースマン(Wandersman, A.)
　　　……………………………… 201, 202
フォーラム ……………………………… 216
福祉委員 ………………………… 146, 147
福祉行政計画……………………………… 113
福祉区 ……………………………… 164, 165
福祉コミュニティ ………………… 57, 75, 141
福祉組織化(福祉の組織化)
　　　……………… 57, 58, 140-143, 157, 166-169
フッサール(Husserl, E.) ……………… 226
プラットフォーム ……………………… 162, 170
古川俊一 ……………………………… 206
プロセス・ゴール …… 21, 22, 60, 182-184, 194
平成の大合併 ……………………………… 72
ベッドタウン ……………………………… 73, 74
ヘルパー・セラピィ原則 …………… 144-145
ベンチマーキング ………………… 131, 132, 189
堀井秀之……………………………………… 70
本間義人……………………………………… 214

≪ま行≫
牧賢一 ……………………………………… 110
牧里毎治…………………………………… 157
松原一郎…………………………………… 157
ミード(Mead, M.)と
　ブラウン(Brown, M.) ……………………… 70

ミケルソン(Mickelson, J. S.) ……………… 63
ミンツバーグ(Mintzberg, H.) …………… 115
モデル事業 ……………………………… 131
モニタリング評価 …………………… 193-195
問題の発見 ……………………… 52, 84, 85

≪ら行≫
リー(Lee, B.) ……………………………… 32
リゾーム ……………………………… 149-151
リレーションシップ・ゴール ………… 62, 194
隣保館 ……………………………………… 12
レイン(Lane, R. P.) …………………… 18, 19
レーガン(Ragins) ……………………… 179, 189
老人保健福祉圏域 …………………… 164, 165
ローカル・ガバナンス ………………… 210-213

ローカル・コンパクト ……………… 217, 225
ロジック・モデル …………………… 197, 198
ロス(Ross, M. G.) ………… 17, 20-23, 26, 86, 87
ロスマン(Rothman, J.) ………………… 26-32
　―――の社会計画モデル ………… 26, 27
　―――の12の分析指標 ………… 32, 108
　―――のソーシャル・アクションモデル
　　　　……………………………… 26, 27
　―――の地域開発モデル …………… 26
ロンドン慈善組織協会 ……………………… 10

≪わ行≫
ワーカーズ・コレクティブ ………… 126, 127
ワークショップ ……………………… 84, 85
ワークデザイン法 …………………… 184-187

■著者略歴

瓦井　昇（かわらい　のぼる）

1963年　大阪市生まれ。
大阪府立大学社会福祉学部卒業、同大学院修了の後、関西学院大学博士課程単位取得。
京都府社会福祉協議会主事等を経て、現在、福井県立大学看護福祉学部教授。

主な著書
『新版　福祉コミュニティ形成の研究―地域福祉の接続的発展をめざして―』大学教育出版、2006年

地域福祉方法論
―― 計画・組織化・評価のコミュニティワーク実践 ――

2011年2月5日　初版第1刷発行

■著　　者──瓦井　昇
■発行者──佐藤　守
■発行所──株式会社 大学教育出版
　　　　　　〒700-0953　岡山市南区西市855-4
　　　　　　電話 (086) 244-1268(代)　FAX (086) 246-0294
■印刷製本──モリモト印刷(株)

© Noboru Kawarai 2011, Printed in Japan
検印省略　落丁・乱丁本はお取り替えいたします。
無断で本書の一部または全部を複写・複製することは禁じられています。

ISBN978-4-86429-043-2